In-Store Banking

Europäische Hochschulschriften
Publications Universitaires Européennes
European University Studies

Reihe V
Volks- und Betriebswirtschaft

Série V Series V
Sciences économiques, gestion d'entreprise
Economics and Management

Bd./Vol. 2877

PETER LANG
Frankfurt am Main · Berlin · Bern · Bruxelles · New York · Oxford · Wien

Dirk Rogowski

In-Store Banking

Eine Analyse der Erfahrungen von Banken in den USA und Möglichkeiten der Übertragung auf deutsche Kreditinstitute

PETER LANG
Europäischer Verlag der Wissenschaften

Die Deutsche Bibliothek - CIP-Einheitsaufnahme

Rogowski, Dirk:

In-Store Banking : eine Analyse der Erfahrungen von Banken in den USA und Möglichkeiten der Übertragung auf deutsche Kreditinstitute / Dirk Rogowski. - Frankfurt am Main ; Berlin ; Bern ; Bruxelles ; New York ; Oxford ; Wien : Lang, 2002
(Europäische Hochschulschriften : Reihe 5, Volks- und Betriebswirtschaft ; Bd. 2877)
Zugl.: Berlin, Freie Univ., Diss., 2001
ISBN 3-631-38005-4

D 188
ISSN 0531-7339
ISBN 3-631-38005-4

www.peterlang.de

Vorwort

Die Idee zur vorliegenden Arbeit entstand im Jahr 1996 während meiner Tätigkeit für die Boston Consulting Group (BCG) in Frankfurt. Nach einigen Gesprächen mit Prof. Holtfrerich vom John F. Kennedy-Institut der FU Berlin, bei dem ich mich an dieser Stelle ganz herzlich für die Unterstützung und Hilfe bedanken möchte, wurde klar, daß aus der Idee eine Dissertation werden kann.

Im Laufe der Zeit wurde mir immer bewußter, eine Dissertation neben dem täglichen Berufsleben fertigzustellen, ist ein Unterfangen, das ich ohne die Unterstützung anderer kaum erreichen kann. Bei all diesen Menschen möchte ich mich mit dieser Arbeit bedanken.

Die Literatursuche und –beschaffung wäre ohne die Hilfe von Ute Wellnitz weitaus zeitaufwendiger gewesen. Die fachlichen Diskussionen mit Holger Dilling und den anderen ehemaligen Kollegen von BCG verhalfen mir zu zahlreichen neuen Ideen und Erkenntnissen. Den wichtigsten Beitrag lieferte jedoch Anja Weinhold. Sie las das gesamte Buch mit den Augen einer Nicht-Bankerin, was einerseits der Verständlichkeit mit Sicherheit sehr zuträglich war, aber andererseits auch zu interessanten Diskussionen über die verwendete wissenschaftliche Methode führte.

Nicht zuletzt möchte ich allen Freunden danken, die in den letzten Jahren Verständnis dafür aufgebracht haben, daß ich einen Großteil meiner Zeit nicht Ihnen sondern dieser Arbeit gewidmet habe.

Berlin, Dezember 2001 Dirk Rogowski

INHALTSVERZEICHNIS

ABBILDUNGSVERZEICHNIS

ABKÜRZUNGSVERZEICHNIS

A	Aussage
ATM	Automated Teller Machine
BAI	Bank Administration Institute
BCG	The Boston Consulting Group
BdB	Bundesverband deutscher Banken
BIS	Bank for International Settlements
BVR	Bundesverband der Deutschen Volksbanken und Raiffeisenbanken
DM	Deutsche Mark
ECB	European Central Bank
EFMA	European Financial Management And Marketing Association
FDIC	Federal Deposit Insurance Corporation
FED	Federal Reserve System
GAA	Geldausgabeautomat
GfK	Gesellschaft für Konsumforschung
H	Hypothese
IBT	International Banking Technologies®
ISB	In-Store Banking
k. A.	keine Angabe
KAD	Kontoauszugsdrucker
KSK	Kreissparkasse
MA	Mitarbeiter
NCBS	National Commerce Bank Services
RB	Raiffeisenbank
SSK	Stadtsparkasse
™	Trademark (englische Bezeichnung für Warenzeichen)
USD	US-Dollar

VB	Volksbank
ZfgK	Zeitschrift für das gesamte Kreditwesen

TABELLENVERZEICHNIS

1 Einleitung

1.1 Ziel der Arbeit

Der Bankdienstleistungsvertrieb war in den 1990er Jahren von zum Teil drastischen Veränderungen betroffen. Dem traditionellen Filialvertrieb wurden zahlreiche neue Zugangswege für die Kunden hinzugefügt. Das Call Center, das Internet und neue Filialformen (z. B. Dialogzweigstellen, Selbstbedienungsfilialen) sind nur einige Beispiele.[1] Mit der vorliegenden Arbeit wird ein in den letzten Jahren insbesondere in den USA stark an Bedeutung gewinnender Vertriebsweg, das In-Store Banking (ISB), näher untersucht. Ausgehend von einer Analyse der Erfahrungen US-amerikanischer Banken[2] soll die Frage nach der Übertragbarkeit des US-amerikanischen In-Store-Banking-Konzeptes auf deutsche Kreditinstitute[3] beantwortet werden.

1.2 Begriffsbestimmung

1.2.1 Definition In-Store Banking

In der wissenschaftlichen Bankliteratur ist der Begriff des In-Store Banking relativ neu. Die *Federal Reserve Bank of New York* nahm 1996 eine erste Begriffsbestimmung vor: "*...a new type of banking office within a large retail outlet.*"[4], die auf zwei Aspekte des ISB abstellt:

---

[1] Vgl. zum Thema Vertriebswegepalette von Banken Hein (1993, S. 248ff.); Kobler (1993, S. 23-29); Pischulti (1997, S. 17-20); Rogowski (2000, S. 3-4); Swoboda (1996, S. 171-190).

[2] Im Rahmen dieser Arbeit sind in Bezug auf die USA mit dem Begriff Banken *Commercial Banks* und *Savings Institutions* (*Savings Banks* und *Savings and Loan Associations*) gemeint. Vgl. zum Aufbau des Bankwesens in den USA und der Rolle einzelner Institutsgruppen Grill/Gramlich/Eller (1995, S. 215-218); Quint (1991, S. 303-326).

[3] Die Begriffe Kreditinstitut und Bank werden im Rahmen dieser Arbeit synonym verwendet. Gemeint sind in jedem Fall Bankbetriebe, die einen Schwerpunkt ihres Geschäftes im breiten Privatkundengeschäft haben und über bemannte Vertriebsstellen verfügen. Vgl. zur Abgrenzung der Begriffe Bank und Kreditinstitut Grill/Gramlich/Eller (1995, S. 135).

[4] Vgl. Radecki/Wenninger/Orlow (1996, S.1).

- neuer Filialtyp
- innerhalb eines Einzelhandelsumfeldes.

Im Rahmen dieser Arbeit wird In-Store Banking definiert als:

> ein stationärer Bankdienstleistungsvertriebsweg, der dadurch gekennzeichnet ist, daß Bankdienstleistungen innerhalb eines Einzelhandelsgeschäftes oder eines Einkaufszentrums, mit dem die Bank einen Vertrag abgeschlossen hat, von Bankmitarbeitern aktiv vertrieben werden, wobei diesen eine auf die räumlichen Verhältnisse des Einzelhandelspartners und auf die zu verrichtenden Tätigkeiten zugeschnittene In-Store Filiale (auch Bankshop genannt) zur Verfügung steht.

1.2.2 Merkmale einer typischen In-Store Filiale

Lage und Ausstattung:

Die typische In-Store Filiale[5] befindet sich sowohl in den USA als auch in Deutschland am Ein-/Ausgang oder in der Nähe der Kassen. Sie ist in den USA ausgestattet mit ein bis zwei Schaltern für den Zahlungsverkehr und Kontoinformationen/-eröffnungen, ein bis zwei Geldausgabeautomaten (GAA), zum Teil ein bis zwei weiteren SB-Geräten z. B. Kontoauszugsdrucker (KAD), Ticketautomaten, Reiseinformationssysteme, einer Direktleitung zum Call Center sowie ein bis zwei separaten Beratungszimmern/-ecken. Einige Banken in den USA bieten in ihren In-Store Filialen auch Videophonegeräte sowie Internetzugänge an.[6] Im Unterschied zu den meisten In-Store Filialen in den USA wird in etlichen Filialen in Deutschland auf den Bargeldverkehr am Schalter verzichtet. Es

---

[5] Im Rahmen dieser Arbeit werden die Begriffe Filiale, Geschäftsstelle und Zweigstelle synonym verwendet. Vgl. zur sonst üblichen Abgrenzung dieser Begriffe Hein (1993, S. 250); Grill/Gramlich/Eller (1995, S. 624, 738, 1789).

[6] Vgl. zu Lage und Ausstattungsmerkmalen für die USA: Davidson (1998a, S. 2-4); Ferris (1998); Orlow/Radecki/Wenninger (1996, S. 15); Radecki/Wenninger/Orlow (1996, S. 2); Williams (1997, S. 12-13).

stehen den Kunden dann nur Automaten zur Verfügung. Ansonsten ist die Ausstattung vergleichbar mit der in den USA.[7]

Größe:

Der Platzbedarf einer durchschnittlichen In-Store Filiale liegt in den USA zwischen 37 m^2 und 75 m^2 (~400 bis 800 square feet), im Vergleich zu durchschnittlich 465 m^2 (~5.000 square feet) bei einer traditionellen Filiale. Die durchschnittliche In-Store Filiale in Deutschland hat eine Größe zwischen 30 m^2 und 80 m^2.[8]

Öffnungszeiten:

Bei den Öffnungszeiten passen sich die In-Store Filialen den im Vergleich zu traditionellen Bankfilialen verlängerten Öffnungszeiten des Einzelhandels an. In den USA hat die durchschnittliche In-Store Filiale von Montag bis Samstag von 7.00 bis 20.00 Uhr und an Sonntagen von 12.00 bis 16.00 Uhr geöffnet. In Deutschland liegen die Öffnungszeiten in der Regel von Montag bis Freitag zwischen 8.00 und 20.00 Uhr und am Samstag zwischen 8.00 und 16.00 Uhr.[9]

Kosten:

Die Errichtung und Ausstattung einer typischen In-Store Filiale kostet in den USA im Schnitt zwischen 200.000 und 300.000 USD. Das entspricht rund einem Fünftel der Kosten einer herkömmlichen Filiale.[10] Davon

---

[7] Vgl. zu Lage und Ausstattungsmerkmalen für Deutschland: ‚Der Bankshop im Vertriebswege-Mix' (1998, S. 85); Fries (1998, S. 67-68); Kolarik/Ischebeck (1999, S. 102-105); Ergebnisse der geführten Interviews in Tabelle 10 im Anhang.

[8] Vgl. zu den Größenangaben für die USA: Orlow/Radecki/Wenninger (1996, S. 15); Radecki/Wenninger/Orlow (1996, S. 2); Williams (1997, S. 12). Vgl. zu den Größenangaben für Deutschland: Kolarik/Ischebeck (1999, S. 103); Kussel (2000a, S. 18); Leitermann (1998, S. 624); Pauluhn (1998, S. 91); Ergebnisse der geführten Interviews in Tabelle 10 im Anhang.

[9] Vgl. zu den Öffnungszeiten in den USA: Clayton (1998, S. 14); Davidson (1998a, S. 2-4); Ferris (1997b); Flushing Financial Corp. (1999); Garnett (1994a, S. 330); Williams (1997, S. 13). Vgl. zu den Öffnungszeiten für Deutschland: Grohmann (1998, S. 406); Leitermann (1998, S. 621); Pauluhn (1998, S. 91); Ergebnisse der geführten Interviews in Tabelle 10 im Anhang.

[10] Es gibt sogar Erfahrungswerte in den USA, die davon sprechen, daß die Kosten für die Eröffnung einer In-Store Filiale nur 10 Prozent der Kosten einer normalen Filiale ausmachen. Vgl. ‚Cucumbers, Carrots and Cash' (1998, S. 24).

entfallen rund 60.000 bis 100.000 USD auf die reinen Baukosten. Die Betriebskosten liegen bei etwa 350.000 USD jährlich, verglichen mit 700.000 USD bei einer normalen Filiale.[11]

In Deutschland liegen die durchschnittlichen Kosten für den Aufbau eines Bankshops zwischen 300.000 und 400.000 DM, was in etwa 30 bis 50 Prozent der Kosten einer herkömmlichen Filiale entspricht. Die laufenden Kosten bewegen sich zwischen 50 und 70 Prozent der laufenden Kosten einer traditionellen Filiale.[12]

Produktangebot:

Das Produktangebot in den In-Store Filialen ist sowohl in den USA als auch in Deutschland in der Regel nicht so umfangreich wie in einer herkömmlichen Filiale. Mit den angebotenen Produkten werden die Grundbedürfnisse der Privatkundschaft im Zahlungsverkehrs-, Einlagen/ Anlagen- und Kreditgeschäft befriedigt. Komplexe und erklärungsbedürftige Produkte wie Baufinanzierungen werden bisher nur vereinzelt angeboten.[13]

1.2.3 Beispiele für weitere In-Store Filialtypen

In den USA wurden in den vergangenen Jahren neben den traditionellen In-Store Filialen im wesentlichen drei weitere abgestufte In-Store Filialtypen entwickelt. Es handelt sich hierbei um die Universal Branch™, die Express Branch™ und die Mini-Branch™.[14]

---

[11] Es wird hier angenommen, daß die durchschnittliche In-Store Filiale mit sechs Vollzeitkräften und die traditionelle Filiale mit 12 Vollzeitkräften arbeitet. Vgl. zu den Kosten für die USA: Davidson (1998b, S. 40-41); NCBS (1998f); Orlow/ Radecki/Wenninger (1996, S. 15); Radecki/Wenninger/Orlow (1996, S. 2); ‚Retail Branches Redefine Focus‘ (1998); Williams (1997, S. 12).

[12] Vgl. zu den Kosten für Deutschland: Burgmaier (1997, S. 60); Grohmann (1998, S. 407); Ergebnisse der geführten Interviews in Tabelle 10 im Anhang.

[13] Vgl. für die USA: Davidson (1998a); IBT (1997b); Flushing Financial Corp. (1999); Simmons/Conway (1998, S. 28); The Bank of New York (1997). Vgl. für Deutschland: Ergebnisse der geführten Interviews in Tabelle 10 im Anhang.

[14] Die hier aufgeführten Filialtypen wurden von International Banking Technologies® (IBT) entwickelt. Beschreibungen der einzelnen Filialtypen basieren auf den Informationen, die IBT auf der Internetseite der Firma zur Verfügung stellt. Vgl. http://www.intbantec.com/ibt3.html. Stand: 05.05.1998.

Universal Branch™

Dieser Filialtyp bietet ähnliche Funktionalitäten wie die traditionelle In-Store Filiale. Der wesentliche Unterschied liegt in der Flexibilität der verwendeten Bauelemente, die ein Anpassen an die aktuelle Auslastung ermöglichen (z. B. durch zusätzliche Sitzelemente oder Stehpulte). Dies stellt einen deutlichen Kostenvorteil dar. Die Installation kann innerhalb von sieben Tagen erfolgen - im Unterschied zu drei Wochen bei einer traditionellen In-Store Filiale.

Express Branch™

Filialen dieses Typs haben eine Fläche zwischen 23 m^2 und 33 m^2 (~250 bis 350 square feet) und sind ‚bargeldlos'. Sie verfügen über keinen Schalter für Ein- und Auszahlungen, sondern sind nur mit SB-Technik für den Bargeldverkehr, Telefonapparaten für die Kunden und Vorrichtungen für Videobanking ausgestattet. Verwaltungsaufgaben sind für die Mitarbeiter bei diesem Filialtyp minimiert, so daß sich die durchschnittlich vier Vollzeitkräfte ganz dem Verkauf widmen können.

Mini-Branch™

Ähnlich wie die Express Branch™ basiert auch dieser Filialtyp vorrangig auf technischen Einrichtungen für den Kundenverkehr. Die Grundfläche liegt nur zwischen 4,5 m^2 und 14 m^2 (~50 bis 150 square feet) und ist für Einzelhandelsgeschäfte geeignet, die entweder keinen Platz für einen größeren Filialtyp haben oder bei denen der Kundenstrom eine umfangreichere Präsenz der Bank nicht rechtfertigt. In der Regel sind solche Filialen mit drei Vollzeitarbeitskräften ausgestattet.

Beispiel: In-Store Filiale in den USA

Quelle: http://www.intbantec.com/ibt3.html. Stand: 05.05.1998.

Beispiel: In-Store Filiale in D

Quelle: Sparkasse Bremen.

Beispiel: Universal Branch™

Beispiel: Express Branch™

Quelle: http://www.intbantec.com/ibt3.html. Stand: 05.05.1998.

Beispiel: Mini-Branch™

Quelle: http://www.intbantec.com/ibt3.html. Stand: 05.05.1998.

1.3 Methodologie der Arbeit

Den methodologischen Hintergrund für die Klärung der aufgeworfenen Frage nach der Übertragbarkeit des US-amerikanischen In-Store Banking Konzeptes auf deutsche Banken bildet im Rahmen dieser Arbeit die deduktiv-nomologische Erklärungsmethode des kritischen Rationalismus. Diese auf Popper sowie Hempel und Oppenheim zurückgehende Erklärungsmethode[15] geht davon aus, daß eine Aussage, die einen zu erklärenden Sachverhalt beschreibt, das Explanandum, aus einer erklärenden Aussagenmenge, dem Explanans, logisch abgeleitet und damit erklärt werden kann.[16]

Das Explanans beinhaltet im klassischen Hempel-Oppenheim-Schema zwei verschiedene Arten von Aussagen. Es müssen mindestens eine nomologische Hypothese und mindestens eine singuläre, deskriptive Aussage vorliegen. Die nomologische Hypothese wird meist als Wenn-Dann-Aussage formuliert. Mit Hilfe der singulären, deskriptiven Aussage, die man auch als Aussage über die sogenannten Antecedenz- oder Randbedingungen bezeichnet, wird Auskunft darüber gegeben, ob die in der Wenn-Komponente der nomologischen Hypothese postulierten Bedingungen erfüllt sind.[17]

Mit Hilfe eines kurzen Beispiels soll die Argumentationsstruktur einer wissenschaftlichen Erklärung nach dem Hempel-Oppenheim-Schema verdeutlicht werden.[18]

In den Medien wird über Diskriminierung von Ausländern durch Einheimische berichtet: Diskriminierung am Arbeitsplatz, auf dem Wohnungsmarkt usw. Diese Symptome können zunächst unter dem Begriff ‚Ausländerfeindlichkeit' zusammengefaßt werden und bilden Anlaß für die Frage: Warum kommt es zu Ausländerfeindlichkeit?

---

[15] Die deduktiv-nomologische Erklärung wird häufig auch als Erklärung nach dem Hempel-Oppenheim Schema bezeichnet. Vgl. Schnell/Hill/Esser (1992, S. 47).

[16] Vgl. Hempel/Oppenheim (1948, S. 136-140); Küttner/Lenk (1989, S. 68-73); Raffee (1993, S. 18); Schnell/Hill/Esser (1992, S. 46-48).

[17] Vgl. ebenda.

[18] Das Beispiel ist entnommen aus Schnell/Hill/Esser (1992, S. 46-48).

Die wissenschaftliche Forschung versucht nun, diese Frage durch die Aufdeckung der Ursache für dieses Phänomen zu beantworten. Eine wissenschaftliche Erklärung würde dann vorliegen, wenn eine nomologische Hypothese benennbar wäre, in der Ausländerfeindlichkeit als die Auswirkung eines anderen Faktors vorkommt. Im Beispiel könnte eine entsprechende nomologische Hypothese lauten: Wenn die einheimischen Mitglieder einer multinationalen Gesellschaft sich auf dem Arbeitsmarkt in Konkurrenz zu Ausländern sehen, dann neigen sie zu Ausländerfeindlichkeit. Gleichzeitig ist es jedoch notwendig, daß die in der Hypothese genannte Ursache, in diesem Fall die Konkurrenz, tatsächlich in der Lebenswelt vorliegt. Die wissenschaftlich korrekte Erklärung des zu erklärenden Phänomens ‚Ausländerfeindlichkeit' kann nun über eine logische Deduktion aus der nomologischen Hypothese (‚Wenn..., dann...') und der Kontrolle des empirischen Vorliegens der Ursache (Aussage über die Randbedingung) erfolgen (siehe Abbildung 1).

Abbildung 1: Struktur und Komponenten einer deduktiv-nomologischen Erklärung

Explanans	**Nomologische Hypothese**	**Wenn die einheimischen Mitglieder einer multinationalen Gesellschaft sich auf dem Arbeitsmarkt in Konkurrenz zu Ausländern sehen, dann neigen sie zu Ausländerfeindlichkeit.**
	Deskriptive Aussage über Randbedingung	**In Gesellschaft X besteht Konkurrenz auf dem Arbeitsmarkt zwischen Einheimischen und Ausländern.**
Explanandum	**Zu erklärender Sachverhalt**	**In Gesellschaft X existiert Ausländerfeindlichkeit.**

Quelle: In Anlehnung an Schnell/Hill/Esser (1992, S. 48).

Die deduktiv-nomologische Erklärungsmethode wurde als methodologischer Hintergrund für diese Arbeit gewählt, da die aufgeworfene Fragestellung eine prognostische Aussage im Ergebnis erfordert und die Prognose der gleichen logischen Struktur wie die Erklärung unterliegt.[19] Der Unterschied besteht lediglich darin, daß bei der Erklärung das Explanandum als Forschungsfrage vorgegeben ist, während es bei der Prognose gesucht wird (siehe Abbildung 2). Mit Hilfe des Hempel-Oppenheim-Schemas läßt sich demzufolge eine prognostische Aussage hinsichtlich der Übertragbarkeit oder Nicht-Übertragbarkeit des US-amerikanischen In-Store-Banking-Konzeptes auf deutsche Kreditinstitute formulieren, wenn die notwendigen nomologischen Hypothesen und die Randbedingungen bekannt sind.[20]

Abbildung 2: Erklärung und Prognose

	Nomologische Hypothese	Deskriptive Aussage über die Randbedingung	Explanandum
Erklärung	Gesucht	Gesucht	Gegeben
Prognose	Gegeben	Gegeben	Gesucht

Quelle: In Anlehnung an Schnell/Hill/Esser (1992, S. 55); Küttner (1989, S. 276).

Will man die Frage nach der Übertragbarkeit des In-Store Banking auf deutsche Kreditinstitute beantworten, dann müssen zunächst die spezifischen Rahmenbedingungen des ISB in den USA näher beleuchtet werden, da Aussagen zur Übertragbarkeit ohne diese Kenntnisse kaum möglich sind.[21] Es bietet sich daher an, herauszufinden, warum dieser Vertriebsweg in den USA entstanden ist, d. h. die Ursachen zu erforschen, und der Frage nachzugehen, welche Ziele damit erreicht werden sollen und welche Erfolgsfaktoren[22] beachtet werden müssen. Um eine

---

[19] Vgl. zur Frage der Strukturgleichheitsthese von Prognose und Erklärung Küttner (1989, S. 275-280) und die dort angegebenen Quellen.

[20] Vgl. Küttner (1989, S. 275-280); Raffee (1993, S. 19).

[21] Vgl. zur Frage der Übertragbarkeit von Aussagen über Bankbetriebe in verschiedenen Ländern Hein (1993, S. 1).

[22] Erfolgsfaktoren werden im Rahmen dieser Arbeit definiert als:

> grundlegende Einflußgrößen, die über Erfolg oder Mißerfolg der betrieblichen Tätigkeiten maßgeblich entscheiden, wobei diese Einflußgrößen sowohl durch

prognostische Aussage hinsichtlich der Übertragbarkeit treffen zu können, wurden daher vier nomologische Hypothesen formuliert:

H 1: Wenn alle Ursachen, die zur Entstehung des In-Store Banking in den USA geführt haben, vergleichbar mit den Ursachen des ISB in Deutschland sind, dann besteht die Möglichkeit der Übertragung einzelner Bestandteile des US-amerikanischen In-Store Banking Konzeptes auf deutsche Kreditinstitute.

H 2: Wenn alle Ziele der Kreditinstitute, die mit dem In-Store Banking in den USA verfolgt werden, vergleichbar mit den Zielen des ISB in Deutschland sind, dann besteht die Möglichkeit der Übertragung einzelner Bestandteile des US-amerikanischen In-Store Banking Konzeptes auf deutsche Kreditinstitute.

H 3: Wenn alle Erfolgsfaktoren des In-Store Banking in den USA vergleichbar mit den Erfolgsfaktoren des In-Store Banking in Deutschland sind, dann besteht die Möglichkeit der Übertragung einzelner Bestandteile des US-amerikanischen In-Store-Banking-Konzeptes auf deutsche Kreditinstitute.

H 4: Wenn alle Ursachen und alle Ziele und alle Erfolgsfaktoren des In-Store Banking in den USA vergleichbar mit den Ursachen und den Zielen und den Erfolgsfaktoren des ISB in Deutschland sind, dann ist das US-amerikanische In-Store Banking Konzept vollständig auf deutsche Kreditinstitute übertragbar.

Mit der Wahl des Hempel-Oppenheim-Schemas als methodologische Grundlage ist auch das weitere Vorgehen im Rahmen dieser Arbeit vorstrukturiert. Um zu untersuchen, ob die Ursachen, Ziele und Erfolgsfaktoren des In-Store Banking in den USA mit denen in Deutschland vergleichbar oder nicht vergleichbar sind, werden in den Abschnitten 2.2, 2.3 und 2.4 zunächst die Ursachen, Ziele und Erfolgsfaktoren für die USA herausgearbeitet. Hierbei wird auf die bereits vorhandene Fachliteratur zurückgegriffen und somit eine Literaturanalyse zur Ermittlung der Ursachen, Ziele und Erfolgsfaktoren angewendet.

---

das Unternehmen selbst als auch durch dessen Umwelt bestimmt sein können. Vgl. hierzu Fritz (1995, S. 594).

Anders ist die Vorgehensweise für Deutschland. Da das In-Store Banking in Deutschland relativ neu ist und viele der bisher erschienenen deutschsprachigen Artikel sich zum Großteil auf Argumente aus den USA stützen,[23] wurden zur Erhebung der notwendigen Daten und Fakten Interviews mit Banken, die den In-Store Vertriebsweg in Deutschland nutzen, durchgeführt. Gesprächspartner waren Vorstände und/oder Führungskräfte, die für die In-Store Filialen verantwortlich sind.

Die Grundgesamtheit bestand hierbei aus allen Banken, die laut Recherchen des Autors per August 2000 über In-Store Filialen verfügten.[24] Da eine Vollerhebung unter Kosten-/Nutzenaspekten nicht sinnvoll erschien, wurde auf eine Teilerhebung zurückgegriffen. Die Auswahl der zu interviewenden Banken erfolgte nach dem Konzentrationsprinzip.[25] Ziel des Autors war es, mindestens 70 Prozent aller In-Store Filialen in Deutschland mit den Interviews zu erfassen, da man bei dieser Stichprobengröße mit großer Wahrscheinlichkeit davon ausgehen kann, daß die Antworten auf die untersuchten Fragestellungen das Meinungsspektrum der Grundgesamtheit widerspiegeln.

Ausgewählt wurden sämtliche Banken, die per August 2000 mehr als eine In-Store Filiale hatten. Diese Banken vereinigten insgesamt 61 In-Store Filialen oder 74,39 Prozent aller Bankshops auf sich. Da mit zwei dieser Banken, Kreissparkasse Saarlouis und Städtische Sparkasse Bremerhaven, kein Interviewtermin vereinbart werden konnte, verringerte sich die Anzahl der mit den Interviews erfaßten Bankshops auf 56, was 68,29 Prozent aller Shops entsprach. Um die Absagen zu kompensieren, wurden aus der Gruppe der Banken mit nur einer In-Store Filiale drei Banken ausgelost, die auch alle interviewt wurden, so daß die Stich-

---

[23] Vgl. z. B. ‚Bankingshop im Supermarkt' (1996); Burgmaier (1997); Fries (1998); Grohmann (1998); Pauluhn (1998); Thronicker (1997).

[24] Die exakte Aufstellung der Banken findet man in Tabelle 2 im Abschnitt 3.1.

[25] Die Auswahl nach dem Konzentrationsprinzip (auch als Abschneideverfahren bezeichnet) ist eine Form der bewußten Auswahlen. Dieses Verfahren basiert auf der Auswahl derjenigen Fälle, bei denen ein interessierendes Merkmal so stark ausgeprägt ist, daß diese Fälle nahezu die gesamte Verteilung in der Grundgesamtheit bestimmen. Vgl. Schnell/Hill/Esser (1992, S. 308); Böhler (1992, S. 131).

probe insgesamt 59 In-Store Filialen oder 71,95 Prozent aller Bankshops in Deutschland umfaßte.

Für die Datenerhebung wurde die Form des Leitfadengespräches gewählt.[26] Der Vorteil dieser Erhebungsmethode lag im Falle dieser Arbeit in der offenen Gesprächsführung, die den Befragten eine erhebliche Erweiterung der Antwortspielräume bot, als dies bei einer vollkommen standardisierten Befragung möglich gewesen wäre. Da alle Interviews vom Autor selbst durchgeführt wurden, konnten auch die ansonsten mit Leitfadengesprächen verbundenen Nachteile hinsichtlich der Interviewereinflüsse ausgeschaltet werden. Eine Kopie des verwendeten Interviewleitfadens befindet sich im Anhang.

Anhand der Interviewergebnisse werden in den Abschnitten 3.2, 3.3 und 3.4 dann die Ursachen, Ziele und Erfolgsfaktoren des In-Store Banking in Deutschland beschrieben.

Bevor neben den nomologischen Hypothesen der zweite Bestandteil des Explanans, die singulären, deskriptiven Aussagen über die Randbedingungen, formuliert werden können, wird im Kapitel 4 die Vergleichbarkeit der Ursachen, Ziele und Erfolgsfaktoren untersucht. Nachdem dieser Schritt erfolgt ist, lassen sich die nachfolgend aufgeführten Aussagen über die Randbedingungen, die an dieser Stelle noch beide Optionen (Alle/Nicht alle) enthalten, eindeutig formulieren.

A 1: Alle/Nicht alle Ursachen, die zur Entstehung des In-Store Banking in den USA geführt haben, sind mit den Ursachen des ISB in Deutschland vergleichbar.

A 2: Alle/Nicht alle Ziele, die mit dem In-Store Banking in den USA verfolgt werden, sind mit den Zielen, die in Deutschland mit dem In-Store Banking verfolgt werden, vergleichbar.

A 3: Alle/Nicht alle Erfolgsfaktoren des In-Store Banking in den USA sind mit den Erfolgsfaktoren des In-Store Banking in Deutschland vergleichbar.

---

[26] Bei Leitfadengesprächen wird die Befragung auf Basis eines Interviewleitfadens geführt, der garantieren soll, daß alle forschungsrelevanten Themen auch angesprochen werden. Der Leitfaden enthält Fragen, die in jedem Interview gestellt werden sollen. Vgl. hierzu und zu den Vor- und Nachteilen von Leitfadengesprächen Schnell/Hill/Esser (1992, S. 390-392); Böhler (1992, S. 76ff.).

Nachdem festgestellt wurde, ob die Randbedingungen vorliegen oder nicht, kann abschließend dem bereits vorgestellten Schema folgend die prognostische Aussage hinsichtlich der Übertragbarkeit des US-amerikanischen In-Store-Banking-Konzeptes auf deutsche Kreditinstitute entwickelt werden.

2 In-Store Banking in den USA

2.1 Entwicklung des In-Store Banking in den USA

Bereits in den 1960er Jahren existierten in den USA Bankfilialen in Einzelhandelsgeschäften, die von der Citibank eröffnet wurden. Da in diesen Filialen jedoch kein aktiver Vertrieb stattfand, wurden diese Filialen von den Kunden zu Zahlstellen degradiert.[27] Schätzungen gehen davon aus, daß es im Jahr 1971 in den USA 55 Bankfilialen im stationären Einzelhandel gab.[28] Diese Filialen zeichneten sich jedoch nach wie vor dadurch aus, daß dort vorrangig Zahlungsverkehrsdienstleistungen angeboten wurden. Ende der 1970er Jahre begann *Sears, Roebuck and Co.* mit Versuchen, Finanzdienstleistungen in den eigenen Kaufhäusern anzubieten.[29] Was zunächst mit großer Besorgnis von den traditionellen Banken aufgenommen wurde,[30] endete 1992 als sich *Sears, Roebuck and Co.* aus dem Bankgeschäft wieder zurückzog.[31]

Eine der wesentlichen Lehren aus dem Scheitern von *Sears* war die Erkenntnis, daß man Bankdienstleistungen nur in einem Einzelhandelsumfeld erfolgreich anbieten kann, das durch eine hohe Kundenfrequenz gekennzeichnet ist. Mit anderen Worten nur dort, wo die Kunden regelmäßig ihre Lebensmittel kaufen, werden sie auch bereit sein, ihre Bankgeschäfte zu erledigen.[32] Damit schieden reine Warenhäuser als Standorte für Bankfilialen zukünftig aus.

Nicht zuletzt ausgelöst durch den Markteintritt von *Sears, Roebuck and Co.* wurden ab 1985 mehr und mehr Bankfilialen in Einzelhandelsgeschäften eröffnet. Diese Filialen ähnelten jedoch noch sehr stark den

---

[27] Vgl. Fries (1998, S. 66); Gruber (1997, S. 1).

[28] Vgl. Gruber (1997, S. 1).

[29] Vgl. Garnett (1994b, S. 336).

[30] *„The only thing we have to fear is Sears itself.“* William Kennedy, Präsident der *American Bankers Association* im Jahr 1982, zitiert in: Roosevelt (1992, S. 1).

[31] *„Sears, Roebuck and Co., long feared by banks as a potentially dominant competitor, abruptly announced plans Tuesday to pull out of the banking business.“* zitiert nach Roosvelt (1992, S. 1).

[32] Vgl. Garnett (1994b, S. 335).

traditionellen Bankfilialen und waren darauf ausgerichtet, den Kunden Bankdienstleistungen im Einzelhandelsgeschäft passiv zur Verfügung zu stellen. Vom In-Store Banking im heutigen Sinne waren diese Filialen noch ein ganzes Stück entfernt.

Die meisten Banken gingen erst seit Anfang der 1990er Jahre dazu über, den In-Store Vertriebsweg als eine aktive Verkaufsplattform zu nutzen. Der Vertriebsansatz änderte sich vom reinen Zurverfügungstellen hin zum aktiven Verkauf der Bankprodukte im Supermarkt.[33]

Insbesondere seit Mitte der 1990er Jahre gewann der In-Store Vertriebsweg in den USA zunehmend an Bedeutung. Der Anteil der In-Store Filialen an allen Bankfilialen in den USA stieg von 0,3 Prozent im Jahr 1985 auf 4,13 Prozent im Jahr 1995 und weiter auf rund zehn Prozent im Jahr 1999.[34]

Ein Vergleich der aktivsten Banken beim Auf- und Ausbau des In-Store Banking in den USA in den Jahren 1995 und 1999 zeigt, daß mehrere Banken, die 1995 bereits mit diesem Vertriebsweg am Markt vertreten waren, auch 1999 zu den aktivsten Banken beim In-Store Banking zählten (siehe Abbildung 4).[35]

---

[33] Garnett (1994b, S. 337).

[34] Diese Angaben sind Ergebnis eigener Berechnungen. Bei den Berechnungen wurden für die Anzahl der In-Store Filialen die Daten aus der Abbildung 3 verwendet. Die Anzahl aller Bankfilialen basiert für 1985 und 1995 auf Avery [u. a.] (1997, S. 708). Für das Jahr 1999 wurde mit einer Zahl von 75.474 Bankfilialen gerechnet. Diese stammt von der FDIC (2000, Table 103), im Internet unter: http://www.fdic.gov/bank/statistical/statistics/9912/all103.html. Stand: 17.07.2000. Es ist anzumerken, daß die Angabe für die Bankfilialen insgesamt nur die Filialen von *Commercial Banks* und *Savings Institutions* umfaßt.

[35] Aufgrund dieser Tatsache liegt die Vermutung nahe, daß es spezieller Voraussetzungen innerhalb der Organisation bedarf, um diesen Vertriebsweg erfolgreich am Markt zu etablieren.

Drei der Banken, die 1995 noch unter den Top In-Store Banken waren, aber 1999 aufgrund der geringen absoluten Zahl nicht mehr auftauchen, haben ihre Präsenz in diesem Bereich dennoch weiter ausgebaut. *National Commerce Bancorp.* verfügte per 30.06.99 über 83, *National City Corp.* über 80 und *Mellon Financial Corp.* über 59 In-Store Filialen. Vgl. SNL Securities (2000, *Branch Migration DataSource v2.1*).

Abbildung 3: Entwicklung der In-Store Filialen in den USA

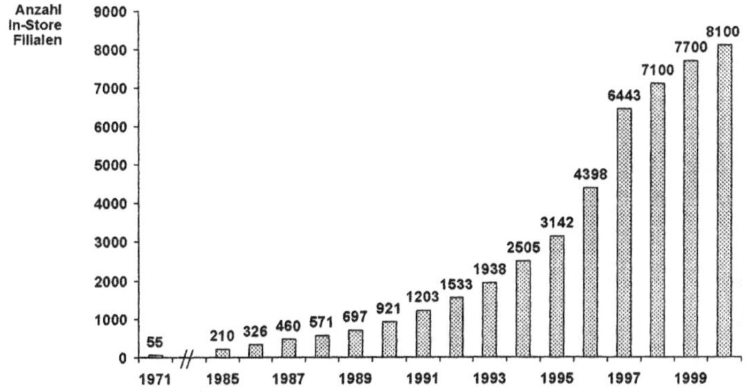

Quelle:
Für 1971: Gruber (1997, S. 1).
Für die Jahre 1985-1993: Garnett (1994b, S. 335).
Für die Jahre 1994-95: 'In-Store Banking Profitable Move' (1997).
Für die Jahre 1996-99: IBT (1997a, 1997b, 1998, 1999, 2001).

Abbildung 4: Die aktivsten Banken beim In-Store Banking in den USA in den Jahren 1995 und 1999

Stand 30.06.1995		
Bank Holding Company	Anzahl In-Store Filialen[1]	In-Store Filialen in % aller Filialen
BankAmerica Corporation	126	6,1
Wells Fargo & Company	88	4,6
Fifth Third Bancorp.	82	16,9
BancOne Corporation	71	4,5
NationsBank Corporation	68	3,1
National Commerce Bancorp.	47	58,0
Mellon Bank Corporation	35	7,9
National City Corporation	29	3,1
Bank of Tokyo	27	9,5
Zions Bancorp.	25	19,1

Stand 30.06.1999		
Bank Holding Company	Anzahl In-Store Filialen[1]	In-Store Filialen in % aller Filialen
Wells Fargo & Company	586	16,09
Bank of America Corporation	495	8,63
BancOne Corporation	196	8,22
TCF Financial Corp.	171	50,74
U.S. Bancorp.	145	11,85
Fifth Third Bancorp.	127	15,19
Firstar Corp.	118	8,28
Washington Mutual Inc.	107	8,17
Zions Bancorp.	95	13,89
Suntrust Banks Inc.	86	6,34

[1]Hierbei handelt es sich nur um Bankfilialen, die bei der FDIC versichert sind.

Quelle: Für 1995: Radecki/Wenninger/Orlow (1996, S. 2); für 1999: SNL Securities (2000, *Branch Migration DataSource v2.1*).

2.2 Ursachen für die Entstehung des ISB in den USA

Zahlreiche Artikel in Fachzeitschriften, Pressemitteilungen und Stellungnahmen in Geschäftsberichten von Banken in den USA zeichnen ein recht umfassendes Bild über die Motive, die zur Entstehung und zum starken Wachstum des In-Store Banking in den USA geführt haben. In einem *Research Paper* zu Restrukturierungen im Retail Banking[36] stellten Orlow/Radecki/Wenninger 1996 fest, daß es sehr wohl spezifische Ursachen für das In-Store Banking in den USA gibt:

> *„A stagnant deposit base and intense competition in the marketplace for financial services have made the overhead costs of an extensive branch network increasingly onerous. At the same time, electronic communications technology is making low-cost remote delivery of banking services more a reality. ...We find that banks are restructuring by..., relocating branches to large retail outlets,...The immediate goal of restructuring the branch network is to cut costs and halt the erosion of the customer base.“*[37]

Sämtliche Argumente, die im obigen Zitat genannt werden, tauchen in der Literatur immer wieder auf, wenn die Ursachen des In-Store Banking in den USA diskutiert werden.[38] Die Einschätzung von Orlow/Radecki/Wenninger macht aber auch deutlich, daß ISB eine Ausprägungsform des sich vollziehenden Restrukturierungsprozesses im Retail Banking in den USA ist, was in diesem Zusammenhang auch die Frage nach den Ursachen dieses branchenweiten Prozesses aufwirft.

---

[36] Mit dem Begriff ‚Retail Banking‘ ist die systematische und umfassende Betätigung eines Kreditinstituts im breiten Privatkunden- bzw. Mengengeschäft gemeint. Vgl. hierzu Büschgen (1992, Sp. 1327); Grill/Gramlich/Eller (1995, S. 1317); Pischulti (1997, S. 18).

[37] Zitiert nach Orlow/Radecki/Wenninger (1996, S. 1).

[38] Vgl. u. a. Avery [u. a.] (1997); Davidson (1998a); Flur/Ledet/McCoy (1996); Gillam (1997b); Mendonca/Nakache (1996); Osterberg/Sterk (1997); Orlow/Radecki/Wenninger (1996); Radecki/Wenninger/Orlow (1996); Williams (1997); Woosley (1997).

Orlow/Radecki/ Wenninger beantworten diese Frage mit einem eindeutigen Hinweis auf die Deregulierungen in der Filialgesetzgebung:

> *„The restructuring of retail banking is coinciding with the advent of interstate branching.“*[39]

Um die Analyse der Ursachen in eine auch auf das deutsche Banksystem anwendbare Struktur zu überführen, wird im weiteren eine Unterscheidung in bankexterne und bankinterne Ursachen vorgenommen.[40]

Die Diskussion der bankexternen Ursachen konzentriert sich dabei auf vier Punkte:

- die Deregulierungen im Bankwesen in den USA, die zu einer Veränderung des Wettbewerbsumfeldes führten,
- ein sich veränderndes Kundenverhalten hinsichtlich der Aufteilung des privaten Geldvermögens,
- die gestiegene Akzeptanz und Nutzung neuer Bankdienstleistungsvertriebswege sowie
- die wachsenden Ansprüche der Kunden an den Bankdienstleistungsvertrieb insgesamt.

Bei der Betrachtung der bankinternen Ursachen für das Entstehen und das rasche Wachsen des In-Store Banking in den USA stehen drei Argumente im Zentrum der Diskussion:

- die permanent wachsenden Kosten des Bankdienstleistungsvertriebes insgesamt,
- die im Vergleich zu anderen Vertriebswegen verschlechterte Kosten- und Ertragsposition der traditionellen Bankfiliale und
- die Notwendigkeit der strategischen Positionierung in einem sich verändernden Wettbewerb.

---

[39] Zitiert nach Orlow/Radecki/Wenninger (1996, S. 29).

[40] Mit ‚bankextern' sind alle Ursachen gemeint, die auf Entwicklungen im Umfeld der Banken zurückzuführen sind. Unter ‚bankintern' fallen sämtliche Ursachen, die von den Banken durch ihr Handeln direkt beeinflußbar sind.

2.2.1 Bankexterne Ursachen

2.2.1.1 Deregulierungen im Bankwesen in den USA

Wie bereits erwähnt, ist das ISB eine Begleiterscheinung des stattfindenden Restrukturierungsprozesses im Retail Banking in den USA. Da in der Lockerung und teilweisen Aufhebung von Restriktionen im *Interstate Banking* eine wichtige Ursache für diesen Restrukturierungsprozeß liegt,[41] ist die Deregulierung in diesem Bereich auch ein wesentlicher Grund für das starke Anwachsen des In-Store Banking in den USA seit Mitte der 1980er Jahre.[42] Es gibt jedoch noch zwei weitere Änderungen in der Bankgesetzgebung, die Aufhebung von Zinsbeschränkungen bei Sicht-, Termin- und Spareinlagen (*Regulation Q*) sowie die Aufhebung oder Lockerung von Limitierungen im *Intrastate Branching*, die entscheidend zur Restrukturierung des Retail Banking beigetragen haben. Welche Wirkungen die einzelnen Gesetzesänderungen in den letzten Jahren entfalteten, wird im folgenden kurz erläutert.

2.2.1.1.1 Deregulierung der Einlagenzinsen

Bis zur Freigabe der Einlagenzinssätze im Jahr 1986 waren die Banken in den USA nicht in der Lage, ihren Kunden Marktzinssätze für deren Einlagen zu zahlen.[43] Dies hatte einerseits zur Konsequenz, daß der Wettbewerb um Kundeneinlagen vorrangig qualitativ geführt wurde. Qualitativer Wettbewerb bedeutete in diesem Zusammenhang unter anderem das Angebot zusätzlicher Filialen und besonders schöner Inneneinrichtungen. Andererseits führten die Zinssatzbeschränkungen zu Abflüssen von Einlagen in Anlageinstrumente wie z. B.

---

[41] Vgl. Orlow/Radecki/Wenninger (1996, S. 29).

[42] Bereits 1994 stellte John Garnett, Executive Vice President von IBT, fest: „*Other factors driving the in-store trend include ... the impending changes to interstate branching laws.*" Zitiert nach: ‚In-store banking trend picks up speed' (1994, S. 2).

[43] Die *Regulation Q* verbot den *Commercial Banks*, die bei der FDIC versichert waren, Zinsen auf Sichteinlagen zu zahlen und beschränkte die Zinszahlungen auf Termin- und Spareinlagen. Im Jahr 1966 wurde die *Regulation Q* auch auf die *Savings Institutions* ausgedehnt, jedoch konnten diese weiterhin höhere Zinsen als die *Commercial Banks* zahlen. Die *Regulation Q* galt hingegen nicht für *Investment Banks*. Vgl. hierzu Quint (1991, S. 318-319).

Geldmarktfonds, die Marktzinssätze boten. Mit der Freigabe der Einlagenzinssätze veränderte sich der Wettbewerbscharakter hin zu einem Preiswettbewerb. Die oben erwähnten qualitativen Dimensionen wurden im Kampf um die Kundeneinlagen zunehmend bedeutungslos. Im Besitz der Banken befanden sich nun viele architektonisch ansprechend gestaltete Filialen, die im Unterhalt teuer waren, aber deren zusätzlicher Nutzen als ‚Lockmittel' im Wettbewerb um Kundeneinlagen kaum noch vorhanden war.[44]

2.2.1.1.2 Deregulierung des *Intrastate Branching*

Vor 1975 gab es in den meisten Bundesstaaten Restriktionen im *Intrastate Branching*. Lediglich 14 Staaten erlaubten ihren Banken das flächendeckende Agieren innerhalb des Bundesstaates ohne Beschränkungen (siehe Abbildung 5).[45]

Seit Beginn der 1980er Jahre wurden in den meisten Bundesstaaten deutliche Erleichterungen beim *Intrastate Branching* eingeführt. In den Bundesstaaten, die ihre Filialgesetzgebung lockerten, haben zahlreiche Banken daher neue Zweigstellen eröffnet, um in lokalen Märkten präsent zu sein, die ihnen vorher verschlossen waren.[46]

2.2.1.1.3 Deregulierung des *Interstate Banking*

Bis zur Aufhebung von *Interstate Banking* Regulierungen in Maine im Jahr 1978 war es *Commercial Banks* in allen Bundesstaaten untersagt, in anderen Staaten als dem Staat, der die Konzession erteilt hatte, aktiv zu sein. Mit dem *Riegle-Neal Act* aus dem Jahr 1994 wurden diese Restriktionen weitgehend beseitigt.[47]

---

[44] Vgl. Avery [u. a.] (1997, S. 711-712); Jayaratne/Strahan (1997, S. 16).

[45] Restriktionen im *Intrastate Branching* galten vor allem für *Commercial Banks*. *Savings Institutions* waren davon in weit geringerem Maße betroffen. Für *Investment Banks* und *Credit Unions* mit Bundeskonzession galt die Filialgesetzgebung hingegen überhaupt nicht. Vgl. Avery [u. a.] (1997, S. 712); Quint (1991, S. 317).

[46] Vgl. hierzu Avery [u. a.] (1997, S. 712).

[47] Restriktionen im *Interstate Banking* galten uneingeschränkt auch für die *Savings Associations* bis zum Jahr 1986. Das *Federal Home Loan Bank Board* hob 1986 einige Restriktionen für *interstate acquisitions* auf, insbesondere wenn in eine Krise

Untersuchungen über die Auswirkungen der Restriktionen im *Interstate Banking* kommen zu dem Ergebnis, daß diese Beschränkungen die Entwicklung der Bankenlandschaft maßgeblich verzerrten, da die effizienten Wettbewerber davon abgehalten wurden, auf Kosten der ineffizienten Wettbewerber in neue Märkte einzudringen. Mit der Freigabe des *Interstate Banking* wurden die vormals abgeschotteten Wettbewerber mit unterdurchschnittlichen Profitabilitätskennziffern dazu gezwungen, sich dem Wettbewerb zu stellen, wenn sie nicht Marktanteile verlieren oder Opfer einer Übernahme werden wollten. Aber auch die Wettbewerber mit Effizienzvorteilen mußten nun beim Eintritt in neue Märkte darauf achten, nicht ihre vorteilhafte Kosten-/Ertragsposition aufzugeben.[48]

Abbildung 5: Deregulierungen der Filialgesetzgebung in einzelnen Bundesstaaten der USA

Bundesstaat	Intrastate Branching Dereguliert	Interstate Banking Dereguliert	Bundesstaat	Intrastate Branching Dereguliert	Interstate Banking Dereguliert
Alabama	1981	1987	Missouri	1990	1986
Alaska	vor 1970	1982	Montana	1990	1993
Arizona	vor 1970	1986	Nebraska	1985	1990
Arkansas	1994	1989	Nevada	vor 1970	1985
California	vor 1970	1987	New Hampshire	1987	1987
Colorado	1991	1988	New Jersey	1977	1986
Connecticut	1980	1983	New Mexico	1991	1989
Delaware	vor 1970	1988	New York	1976	1982
District of Columbia	vor 1970	1985	North Carolina	vor 1970	1985
Florida	1988	1985	North Dakota	1987	1991
Georgia	1983	1985	Ohio	1979	1985
Hawaii	1986	-	Oklahoma	1988	1987
Idaho	vor 1970	1985	Oregon	1985	1986
Illinois	1988	1986	Pennsylvania	1982	1986
Indiana	1989	1986	Rhode Island	vor 1970	1984
Iowa	-	1991	South Carolina	vor 1970	1986
Kansas	1987	1992	South Dakota	vor 1970	1983
Kentucky	1990	1984	Tennessee	1985	1985
Louisiana	1988	1987	Texas	1988	1987
Maine	1975	1978	Utah	1981	1984
Maryland	vor 1970	1985	Vermont	1970	1988
Massachusetts	1984	1983	Virginia	1978	1985
Michigan	1987	1986	Washington	1985	1987
Minnesota	1993	1986	West Virginia	1987	1988
Mississippi	1986	1988	Wisconsin	1990	1987
			Wyoming	1988	1987

Quelle: Jayaratne/Strahan (1997, S.15).

---

geratene Institutionen involviert waren. Das *Office of Thrift Supervision*, der Nachfolger des *Federal Home Loan Bank Board*, gab für die *Savings Associations* im Jahr 1992 das *Interstate Banking* frei. Vgl. hierzu Avery [u. a.] (1997, S. 713).

[48] Vgl. zu den Auswirkungen der Deregulierung im *Interstate Banking* auch Jayaratne/Strahan (1997).

2.2.1.2 Veränderungen im Anlageverhalten der privaten Haushalte in den USA

Über Jahrzehnte hinweg waren Bankeinlagen in den USA der wichtigste Bestandteil des Geldvermögens der privaten Haushalte. Im Jahr 1965 lag der Anteil der Bankeinlagen am privaten Geldvermögen bei 25 Prozent. Fünf Jahre später betrug dieser Wert 28 Prozent. Die Rolle der Banken als Verwahrort für die Ersparnisse der privaten Haushalte erreichte in den USA ihren Höhepunkt im Jahr 1974 mit 37 Prozent. In den Jahren danach sank der Anteil der Bankeinlagen permanent. Am Jahresende 1999 waren es gerade noch 14 Prozent.[49]

Diese Entwicklung hatte für die Banken vor allem zwei entscheidende Konsequenzen. Mit dem sinkenden Anteil der Bankeinlagen am privaten Geldvermögen ist folglich auch ein geringerer Beratungs-/Wiederanlagebedarf der Kunden bei klassischen Bankprodukten verbunden. Dies führte wiederum zu einer Abnahme der notwendigen Kontakte mit den Mitarbeitern in den Bankfilialen. Gleichzeitig bedeutet ein Abfluß von Kundeneinlagen eine Verschlechterung der Ertragsposition der Filialen. Die Banken stehen daher vor der Herausforderung, die Filialsysteme an die veränderten Gegebenheiten anzupassen, d. h. kleinere, kostengünstigere Filialtypen zu schaffen, um den geringeren Kundenfrequenzen und den zurückgehenden Ertragsmöglichkeiten Rechnung zu tragen.

---

[49] Die Kalkulation der prozentualen Anteile basiert auf folgendem Berechnungsschema:

Anteil in Prozent = *(Deposits x 100) / (Credit market instruments + Mutual fund shares + Corporate equity + Life insurance reserves + Pension fund reserves + Other).*

Other = Total financial assets – (Security credit + Equity in noncorporate business + Credit market instruments + Mutual fund shares + Corporate equity + Life insurance reserves + Pension fund reserves). Zu den Datenquellen vgl. Abbildung 6 und die dort angegebene Quelle.

Abbildung 6: Aufteilung des Geldvermögens der privaten Haushalte in den USA von 1965 bis 1999

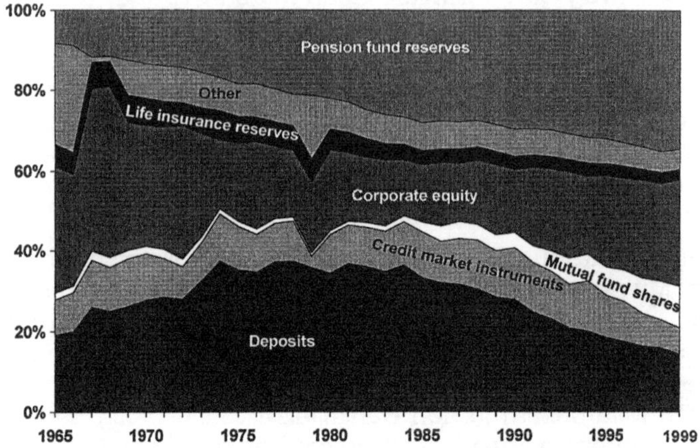

Quelle: Board of Governors of the Federal Reserve System (2000, jeweils S. 54).

2.2.1.3 Veränderungen in der Akzeptanz und Nutzung neuer Bankdienstleistungsvertriebswege

Die traditionelle Bankfiliale war als Zugangsweg zu Bankdienstleistungen in den USA bis Anfang der 1970er Jahre absolut dominierend. Gefördert wurde die herausragende Stellung des physischen Vertriebs nicht zuletzt durch die wichtige Rolle des Schecks als Zahlungsmittel in den Vereinigten Staaten. Dadurch hatte die Bankfiliale die Schlüsselfunktion im Zugang zu Zahlungstransaktionen inne. Der Bankkunde mußte zwangsläufig die Filiale aufsuchen und kam so ständig mit den Bankmitarbeitern in Kontakt.[50]

Erste gravierende Veränderungen brachte die umfangreiche Installation von Geldausgabeautomaten mit sich, wodurch Bargeldauszahlungen in den Schalterhallen zunehmend überflüssig wurden.[51] Abhebungen am

---

[50] Vgl. Bigbie (1996, S. 22).

[51] Die Anzahl der Geldausgabeautomaten stieg von einigen tausend Stück im Jahr 1975 auf 122.706 im Jahr 1995 und weiter auf 273.000 im März 2000. Im Jahr 1995

Geldausgabeautomaten machen inzwischen bei den meisten Banken zwischen 50 und 80 Prozent aller Auszahlungen aus.[52] Verstärkt wurde und wird diese Entwicklung durch die wachsende Rolle des Girokontos als direktem Weg für Lohn- und Gehaltszahlungen. Wurden im Jahr 1988 lediglich rund neun Prozent der Löhne und Gehälter direkt auf ein Girokonto überwiesen, so waren es im Jahr 1993 bereits rund 30 Prozent mit weiter steigender Tendenz. Schätzungen für das Jahr 2000 gehen von inzwischen 65 Prozent aus.[53]

Ein weiterer Trend auf der Kundenseite mit Konsequenzen für den stationären Vertrieb ist die zunehmende Akzeptanz und Nutzung von direkten Vertriebswegen. Hierbei handelt es sich in erster Linie um die Anwendung von Telefon und PC / Internet. Obwohl das Telefon bereits seit Jahrzehnten eine sehr hohe Verbreitung in den USA hatte, spielte es als aktiver Bankdienstleistungsvertriebsweg nur eine untergeordnete Rolle. Mit der Entwicklung moderner Call-Center-Technik änderte sich dies nachhaltig. Sowohl In- als auch Outbound Call-Center-Dienstleistungen erfreuen sich inzwischen breiter Akzeptanz und Nutzung, was dazu führt, daß der Bankkunde für die meisten Informationsanfragen und einfachen Transaktionen die Bankfiliale nicht mehr aufsuchen muß.

Den Call Centern vergleichbare Konsequenzen für die Bedeutung des stationären Vertriebs haben auch der PC bzw. das Internet. Allerdings sind die möglichen Auswirkungen für die Zukunft nach jetzigen Prognosen noch viel weitgehender. Da der PC / das Internet in Kombination mit Kreditkarten oder *Smartcards* nicht nur die reinen Bankdienstleistungen von zu Hause aus zugänglich macht, sondern auch Einkäufe ermöglicht, könnte die Rolle des Bargeldes und die Versorgung mit diesem weiter an Bedeutung verlieren. Dies wird auch

---

waren davon 38.000 oder 31 Prozent an Drittstandorten installiert. Im März 2000 betrug dieser Anteil 57 Prozent, was 156.000 Stück entspricht. Vgl. Avery [u. a.] (1997, S. 711), BIS (2000, S. 93), Faulkner & Gray (2000a). Die Zahl der Geldausgabeautomaten an Drittstandorten für das Jahr 2000 stammt von Jeff Green, einem Mitarbeiter der *Bank Network News*. Er kann kontaktiert werden unter jeffrey.green@tfn.com oder telefonisch in den USA unter: 312-983-6129.

[52] Vgl. Orlow/Radecki/Wenninger (1996, S. 11).

[53] Vgl. Barrett (1997, S. 45-46).

die relative Wichtigkeit der Bankfilialen als Ort für die Bargeldversorgung und die Abwicklung von Zahlungsverkehrsgeschäften noch weiter reduzieren.

Wie der *American Banker* in seiner regelmäßig durchgeführten *Consumer Study* ermittelte, ist der Anteil der Bankkunden, die nach eigener Einschätzung zukünftig die Filiale weniger häufig nutzen werden, von 19 Prozent im Jahr 1989 auf 27 Prozent im Jahr 1992 und weiter auf 33 Prozent im Jahr 1994 angestiegen.[54] Prognosen für das Jahr 2001 gehen davon aus, daß nur noch rund 32 Prozent aller Retail Banking Transaktionen über die Bankfiliale abgewickelt werden nach noch 38 Prozent im Jahr 1996 (siehe Abbildung 7).

Neben der Tatsache, daß der Kunde nicht mehr in die Bankfiliale gehen muß, um bestimmte Bankdienstleistungen in Anspruch zu nehmen, hat die Nutzung neuer Vertriebswege auch zu Veränderungen im Transaktionsverhalten der Bankkunden geführt. Der *Council on Financial Competition* hat ermittelt, daß die durchschnittliche Anzahl der Transaktionen pro Bankkunde in den USA zwischen 1991 und 1996 um rund 60 Prozent gestiegen ist. Hervorgerufen durch diese höhere Transaktionsfrequenz nahmen die durchschnittlichen Servicekosten für die Banken um 23 Prozent zu.[55]

Im Ergebnis bedeutet die verstärkte Nutzung direkter Vertriebswege und die damit abnehmende Bedeutung der Filialen, daß entweder die Größe der Filialen reduziert werden muß, da weniger Aktivitäten in den Filialen stattfinden, oder die Anzahl der Filialen sinken muß, da weniger Kunden diese nutzen.[56]

---

[54] Vgl. Svigals (1996, S. 12).

[55] Vgl. Reddoch (1998a, S. 99-100).

[56] Vgl. hierzu auch Bigbie (1996, S. 22).

Abbildung 7: Aufteilung der Transaktionen im Retail Banking in den USA auf die Bankfiliale und andere Vertriebskanäle in den Jahren 1996 und 2001

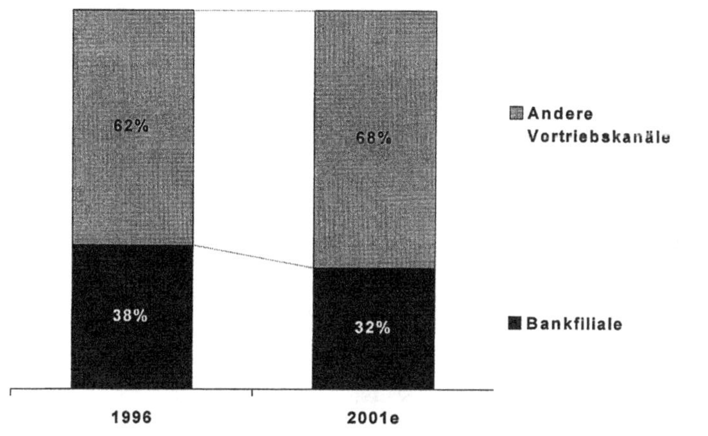

Quelle: A.T. Kearney (1998, S. 3).

2.2.1.4 Wachsende Ansprüche der Privatkunden in den USA an den Bankdienstleistungsvertrieb

Analysen gehen gegenwärtig davon aus, daß rund 50 Prozent der Privatkundenkonten in den USA von sogenannten Multi-Kanal-Kunden unterhalten werden (siehe Abbildung 8). Diese Kunden wollen sowohl direkte Vertriebswege wie das Telefon und den PC / das Internet als auch den Kontakt zum Bankmitarbeiter in einer Filiale. Nur etwa zehn Prozent der Konten halten reine Direktbankkunden, die auf einen stationären Vertrieb mehr oder weniger komplett verzichten. Etwa 40 Prozent der Konten gehören reinen Filialkunden, die ausschließlich den Filialvertrieb nutzen. Mit diesem Kundenspektrum bleibt den meisten Banken kaum eine andere Wahl, als sämtliche Zugangsswege vorzuhalten.

Für einen Großteil der Bankkunden ist bei der Wahl der Bankverbindung die Bequemlichkeit ein wichtiges Entscheidungskriterium (siehe

Abbildung 9).[57] Wie die FED in einer Untersuchung 1997 ermittelte, spielt die Nähe der Bankfiliale zum Wohnort oder Arbeitsort und zu Einzelhandelsgeschäften eine wichtige Rolle bei der Entscheidung für die eine oder andere Bank.[58] Dies geht einher mit dem Wunsch der Kunden nach *One-Stop-Shopping*, d. h. Bankgeschäfte und Einkäufe an einem Ort abwickeln zu können.[59]

Abbildung 8: Vertriebskanalnutzungsverhalten und Profitabilitätsverteilung bei Bankkunden in den USA

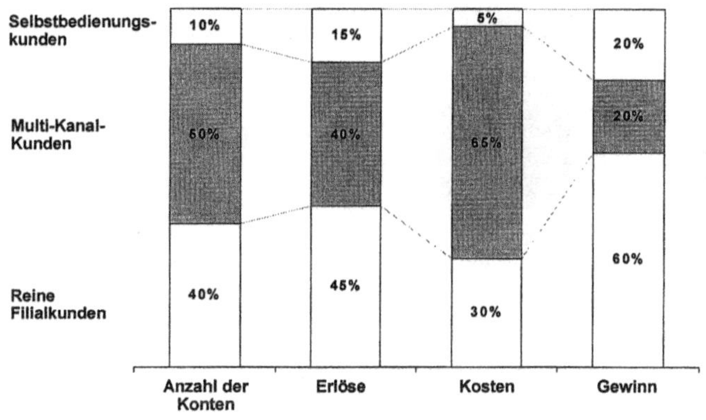

Quelle: BCG (1998).

Induziert durch die Möglichkeiten der neuen direkten Zugangswege, möchten auch mehr und mehr Kunden über die traditionellen,

---

[57] Bequemlichkeit wird in diesem Zusammenhang von den Kunden in erster Linie als Zeitersparnis und leichter Zugang zu Bankdienstleistungen definiert. Vgl. hierzu Avery [u. a.] (1997, S. 710); Barrett (1997, S. 44); Williams (1997, S. 13); Woosley (1997, S. 1).

[58] Vgl. Avery [u. a.] (1997, S. 710).

[59] Laut einer Befragung, die NCBS im Jahr 1996 bei 800 Supermarktkunden in 20 Bundesstaaten in Märkten mit einer In-Store Filiale durchführte, ist für 93 Prozent der Supermarktkunden das Vorhandensein einer Bankfiliale im Supermarkt wichtig oder sehr wichtig. Vgl. NCBS (1998e).

stationären Vertriebskanäle möglichst an sieben Tagen in der Woche rund um die Uhr in einer sicheren Atmosphäre ihre Bankgeschäfte erledigen können.[60] Umfrageergebnisse zeigen daher, daß rund 60 Prozent der Bankkunden zu Zeiten, wenn die Bankfilialen normalerweise geschlossen sind, Bankgeschäfte erledigen möchten.[61] Des weiteren präferieren besonders die jungen Bankkunden neue elektronische Vertriebswege und bequem zu erreichende stationäre Vertriebsformen (siehe Abbildung 10).

Abbildung 9: Gründe für die Wahl der Hauptbankverbindung bei Bankkunden in den USA

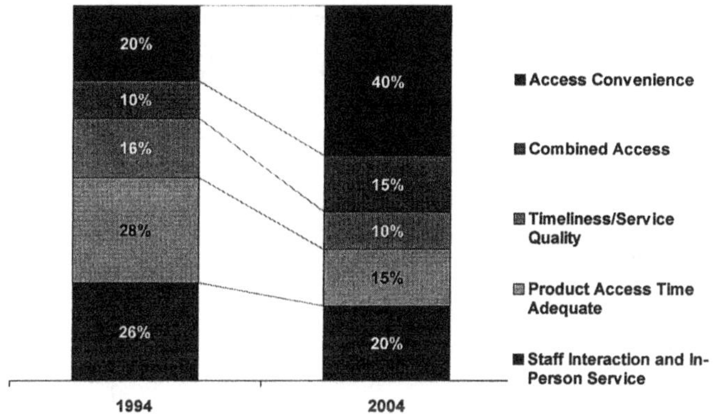

Quelle: *American Banker Consumer Study 1995* entnommen aus Svigals (1996, S. 14).

---

[60] Vgl. Barrett (1997, S. 47-48); Davidson (1998, S. 10); Garnett (1994a, S. 331).

[61] Die bevorzugte Zeit für die Erledigung von Bankgeschäften liegt in den USA bei 36 Prozent der Kunden wochentags zwischen 16.00 und 20.00 Uhr, für neun Prozent wochentags zwischen 7.00 und 9.00 Uhr, für 24 Prozent am Samstag, für drei Prozent am Sonntag. Die restlichen 27 Prozent der Kunden bevorzugen den Zeitraum wochentags zwischen 9.00 und 16.00 Uhr für ihre Bankgeschäfte. Vgl. hierzu Garnett (1994a, S. 331). Eine Befragung von 519 *Wal-Mart* Kunden führte zu einem ähnlichen Resultat. Von den 69 Prozent der Befragten, die Nutzer einer In-Store Filiale waren, gaben 72 Prozent an, daß sie die In-Store Filiale auch schon nach 16.00 Uhr oder an Wochenenden genutzt haben. Vgl. NCBS (1998d).

Insgesamt gibt es zahlreiche Indizien dafür, daß die Kunden zunehmend höhere Ansprüche an den Bankdienstleistungsvertrieb stellen. Wie die vorgestellten Umfragen bei Bankkunden in den USA zeigen, haben viele Kunden eine deutliche Präferenz für einen Multi-Kanal-Zugang zu ihrer Bank und erwarten ein Höchstmaß an Bequemlichkeit und Verfügbarkeit im Umgang mit der Bank.

Abbildung 10: Vertriebskanalpräferenzen von Bankkunden in den USA nach Altersgruppen im Jahr 1995

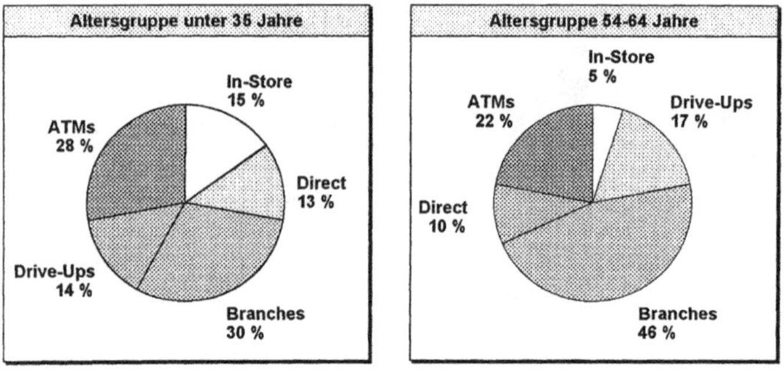

Quelle: Barret (1997, S. 45).

2.2.2 Bankinterne Ursachen

2.2.2.1 Steigende Kosten des Bankdienstleistungsvertriebes

Waren es 1950 fast ausschließlich die Kosten des Filialnetzes, die ausschlaggebend für die Kosten des Bankdienstleistungsvertriebes in den USA waren, so hat sich dieses Bild inzwischen verändert. Wie in Abbildung 11 schematisch dargestellt, nahm die Anzahl der Bankdienstleistungsvertriebskanäle in den letzten Jahren weiter zu. Zu den klassischen Filialen kamen der Geldausgabeautomat, SB-Terminals, Call Center, Bildtelefone, Video Kioske und der PC hinzu, da die Kunden, wie bereits in den Abschnitten 2.2.1.3 und 2.2.1.4 angesprochen, diese neuen Zugangsmöglichkeiten zum Teil von ihren Banken erwarten und inzwischen auch aktiv nutzen.

Obwohl die Banken mit jeder technischen Innovation im Vertrieb (z. B. Geldausgabeautomat, Call Center, PC-/Internet Banking) auch die Hoffnung auf sinkende Vertriebskosten verbanden, ist dieser Effekt in den letzten Jahren bei den meisten Wettbewerbern nicht eingetreten. Im Gegenteil die Kosten des Bankdienstleistungsvertriebes sind in der Regel insgesamt weiter angestiegen.[62]

Abbildung 11: Entwicklung der Vertriebswegepalette

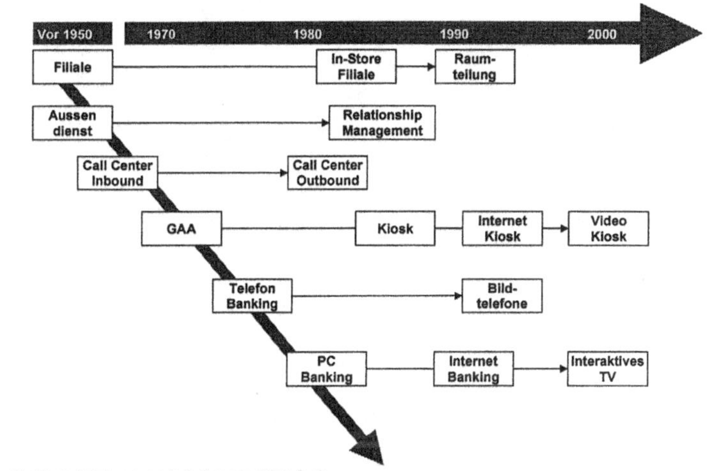

Quelle: In Anlehnung an A. T. Kearney (1998, S. 7).

Dies liegt neben den Investitionen in neue Vertriebskanäle sowohl an den stark zunehmenden IT-Investitionen, die beim Aufbau und Betrieb einer Bankfiliale inzwischen anfallen, als auch an der Tatsache, daß trotz der neu hinzugefügten Vertriebswege der traditionelle Filialvertrieb insgesamt nicht ab-, sondern bis Mitte der 1980er Jahre, wie in Abbildung 12 dargestellt, weiter ausgebaut wurde. Hier ist jedoch eine gegenläufige Entwicklung bei den *Commercial Banks* und den *Savings Associations* festzustellen, die wesentlich auf den unterschiedlichen

[62] Vgl. Bekier/Flur/Singham (2000, S. 79).

Beschränkungen bei der Filialgesetzgebung beruht.[63] Für die Banken insgesamt bedeutete die Erhöhung der Filialzahl bis Mitte der 1980er Jahre eine signifikante Erhöhung des Fixkostenblockes im stationären Vertrieb.[64]

Abbildung 12: Anzahl der Bankzweigstellen in den USA

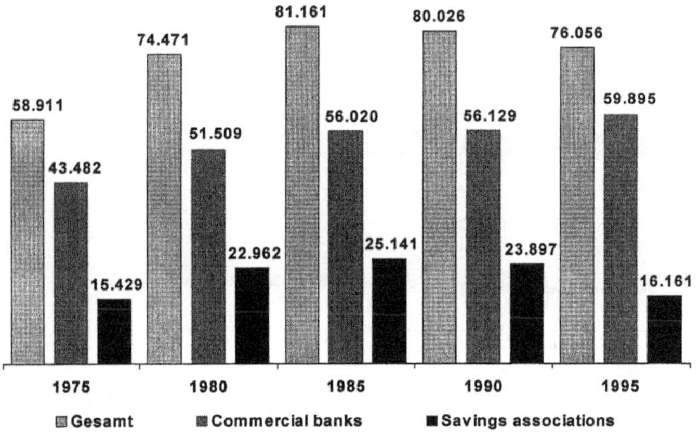

Quelle: Avery (1997, S. 708).

2.2.2.2 Verschlechterte Kostenposition der traditionellen Filiale

Im Abschnitt 2.2.1.2 wurde gezeigt, daß die privaten Haushalte in den USA einen immer geringeren Teil ihres Geldvermögens in klassischen Bankprodukten anlegen, was dazu führt, daß die bestehende Filialinfrastruktur bei steigenden Kosten mit einer in absoluten Größen weitgehend stagnierenden Einlagenbasis finanziert werden muß. Der

---

[63] Wie im Abschnitt 2.2.1.1 dargestellt, liegt eine wesentliche Ursache hierfür in den Deregulierungen der Filialgesetzgebung. Eine ausführliche Diskussion über die Ursachen für die Veränderungen in der Anzahl und Verteilung der Bankzweigstellen in den USA findet man bei Avery [u. a.] (1997).

[64] Die Kosten der Filialnetzwerke machen zwischen 50 und 60 Prozent der Gesamtkosten einer Bank im Retail Geschäft in den USA aus. Vgl. hierzu Bekier/Flur/Singham (2000, S. 79); Teixeira (1998, S. 8).

dadurch entstehende deutliche Kostennachteil der Banken gegenüber anderen Wettbewerbern läßt sich durch ein Herunterbrechen der Kosten und Erträge veranschaulichen.

Die Kosten einer Bankfiliale mit zwölf Mitarbeitern belaufen sich auf insgesamt rund 1,4 Mio. USD pro Jahr. Dabei entfallen rund 700.000 USD auf die direkten Kosten wie z. B. Personalkosten, Gebäudekosten, Elektrizität und weitere 700.000 USD kommen als Overheadkosten der Zentrale hinzu. Im Durchschnitt beträgt das Einlagenvolumen einer solchen Filiale 50 Mio. USD, womit die 1,4 Mio. USD Nichtzinsaufwand bezahlt werden müssen, was 2,8 Prozent der Einlagen entspricht. Um den Nichtzinsaufwand zu decken, muß die Marge zwischen Zinsertrag und Zinsaufwand 280 Basispunkte betragen. Ein Geldmarktfonds, der als Konkurrenzprodukt zu klassichen Bankeinlagen angesehen werden kann, hat nur ein Aufwandsverhältnis von rund 50 Basispunkten bei einer gleichzeitig höheren erwarteten Rendite. Das bedeutet einen Kostennachteil der Banken bei Geldanlageprodukten von mindestens 200 Basispunkten.[65]

Auch die Einführung neuer Vertriebswege trug maßgeblich zur verschlechterten Kostenposition der traditionellen Filiale bei. Die Kosten für das Führen eines Girokontos in der Filiale sind beispielsweise zweimal so hoch wie in einer reinen Telefonbank.[66] Eine Bargeldauszahlung am Bankschalter kostet im Schnitt sogar dreimal mehr als die Auszahlung am Geldausgabeautomaten.[67] Man könnte die Reihe beliebig fortsetzen. Es existieren zahlreiche Untersuchungen von Banken und Beratungsgesellschaften über die günstigen Kostenstrukturen direkter Vertriebswege, die zeigen, daß die Filiale gegenüber diesen Vertriebskanälen deutliche Kostennachteile hat.[68] Da dieser Punkt inzwischen unstrittig ist, wird auf das Anführen weiterer Beispiele an dieser Stelle verzichtet.

---

[65] Vgl. zu dem Zahlenbeispiel Orlow/Radecki/Wenninger (1996, S. 3-4); Radecki/Wenninger/ Orlow (1996, S. 1-2).

[66] Vgl. Bigbie (1996, S. 21-22).

[67] Vgl. Avery [u. a.] (1997, S. 711).

[68] Vgl. zu verschiedenen Rechenbeispielen, die den Kostennachteil der traditionellen Filialen quantifizieren u. a. Barrett (1997, S. 45); Deloitte & Touche (1995, S.16); Walter (1998).

2.2.2.3 Notwendigkeit der strategischen Positionierung in einem sich verändernden Wettbewerb

Im Abschnitt 2.2.1.1 wurde bereits darauf hingewiesen, daß die Deregulierungen in der Filialgesetzgebung in den USA eine maßgebliche Ursache für die momentanen Restrukturierungen im Retail Banking der USA sind. Vor diesem Hintergrund stellt sich für viele Banken die Frage nach der strategischen Positionierung für die Zukunft.

Ausgelöst durch die Erleichterungen im *Intrastate* und *Interstate Banking*, die technischen Neuerungen im Vertrieb und die zahlreichen Fusionen im Bankgewerbe hat sich die Natur der Retail Banking Märkte in den USA grundlegend verändert. Hat man früher einzelne Retail Banking Märkte als relativ klein, abgeschlossen und auf lokaler Ebene (Stadt oder *County*) betrachtet,[69] so führten die oben genannten Entwicklungen zu einer deutlichen Ausweitung der Marktgebiete, wie Radecki in einer Untersuchung der *Federal Reserve Bank New York* 1998 feststellte:

> „*Against this background, markets now appear to be at least as large as a state, but how much larger is less clear. Our intuition tells us that markets are unlikely to be perfectly coincident with state borders. Nevertheless, state borders offer a better approximation of the territory over which banks compete for household customers than do counties or metropolitan areas. The scope of markets may stretch beyond individual states fairly soon, however, with the advent of full interstate branching and further consolidation. ... Significantly, larger retail banking markets may be more competitive than is commonly perceived. For many years, the public did not regard retail banking as a highly competitive*

---

[69] Die Definition von Retail Banking Märkten in den USA beruhte in der Vergangenheit im wesentlichen auf einem Urteil des *Supreme Court* aus dem Jahr 1963. „..., *the Court determined...that banking markets were local in coverage.*“ Zitiert nach Radecki (1998, S. 16). Dies führte dazu, daß in städtischen Gebieten die lokalen Märkte mit den *Metropolitan Statistical Areas* (*MSAs*) des *Census Bureau* und in ländlichen Gebieten mit den *Counties* gleichgesetzt wurden. Vgl. hierzu Radecki (1998, S. 16).

business because branching restrictions protected local markets for depository institutions."[70]

Nicht nur die Vergrößerung der Retail Marktgebiete war eine Folge der Liberalisierungen im Bankwesen, sondern damit einher ging auch eine signifikante Verbesserung der Wachstumschancen überdurchschnittlich profitabler Banken, die ihre sehr guten Fähigkeiten nun nutzen konnten, um neue Märkte zu erschließen.[71]

Die Banken in den USA standen und stehen somit vor der Notwendigkeit der strategischen Positionierung in einem sich verändernden Umfeld. Hierfür bieten sich letztendlich zwei Möglichkeiten:

- Offensiv: Den Marktanteil durch Eintritt in neue Marktgebiete oder durch den massiven Ausbau der Präsenz in bestehenden Marktgebieten ausbauen. oder
- Defensiv: Das vorhandene Marktgebiet gegen neue Wettbewerber abschotten.

2.2.3 Zusammenfassung der Ursachen

Obwohl es in deutschsprachigen Artikeln zum In-Store Banking in den USA bisher oft so erscheint, als wären nur Kostenprobleme und veränderte Kundenwünsche die Ursachen für die sprunghafte Entwicklung des In-Store Banking in den USA, so konnte in den vorherigen Abschnitten doch aufgezeigt werden, daß es eine Reihe von Gründen gibt, die teilweise durch ihr gemeinsames Wirken den Ausbau des In-Store Banking in den letzten Jahren beschleunigten.

Die Deregulierungen im Bankwesen in den USA, die zu einer Veränderung des Wettbewerbsumfeldes führten, waren einer der

---

[70] Zitiert nach Radecki (1998, S. 32).

[71] „*High-profit banking companies grow faster after branching deregulation; their share of banking assets increases, on average, by 8.5 percentage points – a statistically significant increase.*" Zitiert nach Jayaratne/Strahan (1997, S. 22). Jayaratne/Strahan (1997) ist eine sehr gute Quelle zu den Auswirkungen der Liberalisierung in der Filialgesetzgebung. Neben den besseren Wachstumsmöglichkeiten für effiziente Banken konnten die Autoren auch positive Wachstumsimpulse für die Wirtschaft insgesamt und die persönlichen Einkommen in den Bundesstaaten nachweisen, die ihre Filialgesetzgebung liberalisiert haben.

Auslöser dafür, daß sich die Banken über ihre strategische Positionierung in dem sich verändernden Wettbewerb klar werden mußten und zum Teil noch müssen. In-Store Banking stellt vor diesem Hintergrund eine unter Kostenaspekten für die Banken attraktive Strategieoption dar, die sowohl offensiv als auch defensiv eingesetzt werden kann.

Es bietet sich die Möglichkeit,

- offensiv den Marktanteil durch Eintritt in neue Marktgebiete oder durch den massiven Ausbau der Präsenz in bestehenden Marktgebieten mittels In-Store Banking kostengünstig auszubauen oder
- defensiv das vorhandene Marktgebiet mit Hilfe von In-Store Banking gegen neue Wettbewerber abzuschotten.[72]

Das In-Store Banking stellt insbesondere für regional begrenzt tätige Banken eine interessante Strategieoption dar, da durch exklusive Verträge mit Einzelhandelspartnern auf lokaler Ebene beide Strategievarianten in gewissem Maße vor Kopie durch andere Wettbewerber geschützt sind, da die Anzahl der attraktiven Einzelhandelsstandorte in der Regel begrenzt ist.[73]

Das veränderte Kundenverhalten hinsichtlich der Aufteilung des privaten Geldvermögens und die gestiegene Akzeptanz und Nutzung neuer Bankdienstleistungsvertriebswege, trugen wesentlich dazu bei, daß sich die Kosten- und Ertragsposition der traditionellen Bankfiliale im Vergleich zu anderen Vertriebswegen verschlechterte. Und nicht zuletzt haben die wachsenden Ansprüche der Kunden an den Bankdienstleistungsvertrieb, wie z. B. der Wunsch nach mehr Bequemlichkeit oder nach Zugang über die traditionellen Öffnungszeiten hinaus, dazu geführt, daß die Kosten des Bankdienstleistungsvertriebes seit Jahren permanent wachsen. Mit den in Abschnitt 1.2.2 vorgestellten Kostenrelationen der In-Store Filialen im Vergleich zu traditionellen Filialen und den weitaus längeren Öffnungszeiten sowie der einfachen Erreichbarkeit im Einzelhandel läßt

---

[72] Vgl. hierzu Braitman (1991, S. 1); Davidson (1998a, S. 40-41); Davidson (1998b, S. 10-11); Flur/Ledet/McCoy (1996, S. 80-81); Moyer (1999); Radecki/Wenninger/ Orlow (1996, S. 3-4); Simmons/Conway (1998, S. 28); Williams (1997, S. 12-13).

[73] Vgl. Williams (1997, S. 12-13).

sich leicht begründen, warum zahlreiche Banken im ISB eine attraktive Lösungsoption sehen. Demnach sind sowohl die verschlechterte Kostenposition der traditionellen Filialen als auch die gestiegenen Kundenansprüche weitere Ursachen für die Entstehung des ISB in den USA.

2.3 Ziele des In-Store Banking in den USA

2.3.1 Herleitung der Ziele des In-Store Banking aus den Ursachen der Entstehung

Da die im vorherigen Kapitel dargestellten Veränderungen der bankexternen Rahmenbedingungen, wie bereits geschildert, jeweils zu bankinternen Konsequenzen führten, sollten sich aus den beschriebenen Ursachen auch die mit dem In-Store Banking verbundenen Zielstellungen der Banken ableiten lassen.

Die durch die Deregulierungen hervorgerufene Notwendigkeit der strategischen Positionierung ist, wie im vorherigen Abschnitt schon ausgeführt wurde, entweder mit der Option zum Eintritt in neue Marktgebiete oder mit der Notwendigkeit zur Verteidigung der bisherigen Marktposition verbunden. Daraus läßt sich für das In-Store Banking folglich die Zielstellung ableiten:

- Positionierung im Wettbewerb mit den Optionen Ausbau oder Absicherung der Marktstellung.

Aus den Veränderungen im Kundenverhalten und der damit verbundenen Verschlechterung der Kosten- und Ertragsposition der traditionellen Bankfilialen ergeben sich für das In-Store Banking zwei weitere Zielrichtungen:

- Realisierung von Kostensenkungen im stationären Vertrieb und
- Verbesserung der Verkaufsorientierung und damit die Steigerung der Erträge im stationären Bankdienstleistungsvertrieb.

Mit den wachsenden Ansprüchen der Kunden an den Bankdienstleistungsvertrieb und dem dadurch induzierten Anstieg der Kosten des Vertriebes lassen sich zwei weitere Zielstellungen für das ISB verbinden:

- Erfüllung der Kundenerwartungen an den stationären Bankdienstleistungsvertrieb sowie
- Vermeidung eines weiteren Kostenanstiegs bzw. die Senkung der Kosten im Filialvertrieb (siehe Abbildung 13).

Abbildung 13: Zusammenhang zwischen den bankexternen / bankinternen Ursachen und den Zielen des In-Store Banking

Quelle: Eigene Darstellung.

Da das Ziel der Kostensenkung aus zwei unterschiedlichen Zusammenhängen hergeleitet werden kann, ergeben sich für das In-Store Banking aus den Ursachen der Entstehung letztendlich vier Zielstellungen, die es im weiteren zu überprüfen gilt:

1. Positionierung im Wettbewerb entweder durch den Ausbau oder die Absicherung der Marktstellung,
2. Kostensenkung im stationären Vertrieb,
3. Erfüllung der Kundenerwartungen an den stationären Vertrieb,
4. Erhöhung der Verkaufsorientierung im stationären Vertrieb.

2.3.2 Untersuchung einzelner Banken in den USA zu den Zielen des In-Store Banking

Ob die in der Abbildung 13 dargestellten vier Ziele des ISB auch tatsächlich denen der Banken in den USA entsprechen, wird im vorliegenden Abschnitt untersucht. Zu diesem Zweck wurden Fallstudien, Geschäftsberichte, Artikel und Pressemeldungen von insgesamt 15 Banken, die aktiv das In-Store Banking nutzen, sowie Beiträge von Analysten und Fachjournalisten über diese Banken hinsichtlich Aussagen zu den Zielen des ISB ausgewertet. Bei der Auswahl der Banken wurden die Rankings der aktivsten In-Store Banken (vgl. Abbildung 4) zur Orientierung genutzt, um möglichst auch Informationen von den Banken zu verwerten, die bereits über umfangreiche Erfahrungen mit dem ISB verfügen.

Am häufigsten werden bei den untersuchten Banken die Ziele ‚Ausbau der Marktstellung' (13 Nennungen), ‚Erfüllung der Kundenerwartungen' (elf Nennungen) und ‚Senkung der Kosten im stationären Vertrieb' (elf Nennungen) mit dem ISB verbunden. Die ‚Erhöhung der Verkaufsorientierung im Bankdienstleistungsvertrieb' ist für sechs Banken ein mit dem ISB zu erreichendes Ziel. Zur ‚Absicherung der bestehenden Marktposition in einzelnen Marktgebieten' nutzen lediglich drei Banken das In-Store Banking (siehe Tabelle 1).

Über die hier betrachteten Zielstellungen hinaus wurden in den ausgewerteten Unterlagen keine weiteren Zielformulierungen für das In-Store Banking gefunden, so daß mit großer Wahrscheinlichkeit davon ausgegangen werden kann, daß zum gegenwärtigen Zeitpunkt das Zielspektrum aus den herausgearbeiteten vier Stoßrichtungen besteht.

Tabelle 1: Analyse der mit dem In-Store Banking verfolgten Zielstellungen bei ausgewählten Banken in den USA

Bank	Positionierung i) Ausbau der Marktstellung	Positionierung ii) Absicherung der Marktstellung	Kostensenkung im stationären Vertrieb	Erfüllung der Kundenerwartungen	Erhöhung der Verkaufsorientierung im Vertrieb
The Bank of New York, NewYork[a]				X	
Central Bank, Monroe, Illinois[b]	X			X	
CFS Bank, New York[c]	X	X		X	X
Chase Manhattan Corp., New York[d]	X		X		
First National Bank, Oblong, Illinois[e]			X	X	
First State Bank, Austin, Texas[f]	X		X	X	
Mellon Bank, Pittsburgh, Pennsylvania[g]	X	X			X
National Commerce Bancorp., Memphis, Tennessee[h]	X		X		X
Nationsbank, Charlotte, North Carolina[i]	X		X	X	X
Star Bank, Cincinnati, Ohio[j]	X		X	X	
TCF Financial Corp., Minneapolis, Minnesota[k]	X	X	X		
Union Bank, San Francisco, California[l]	X		X	X	X
U.S. Bancorp., Minneapolis, Minnesota[m]	X		X	X	
Wachovia Corp., Winston-Salem, North Carolina[n]	X		X	X	
Wells Fargo, San Francisco, California[o]	X		X	X	X

Quellen:

a Vgl. The Bank of New York (1997).
b Vgl. Garnett (1994e, S. 347-348).
c Vgl. Davidson (1998a, S. 10-11).
d Vgl. Moyer (1999).
e Vgl. Garnett (1994f, S. 351).
f Vgl. Arndorfer (1997, S. 8).
g Vgl. Braitman (1991, S. 1); Khalfani (1996, S. B10B).
h Vgl. ‚Cucumbers Carrots and Cash' (1998, S. 23-24); Zack (1996, S. 4A).
i Vgl. Nationsbank (1995, S. 4), (1996, S. 8, 10); Gillam (1997b, S. 7); ‚Supermarket duel in Florida' (1996, S. 4).
j Vgl. Stroup (1998, S. 19, 22-23); Garnett (1994d, S. 343).
k Vgl. Chase (1998a, S. 4); Davidson (1998b, S. 41).
l Vgl. Garnett (1994c, S. 339-340).
m Vgl. Crockett (1996c, S. 6).
n Vgl. Wachovia (1996, S. 13; 1997, S. 10-11, 18; 1998, S. 22).
o Vgl. Barrett (1997, S. 47); Crockett (1996e, S. 5); Senerpont Domis (1999a); Smithers (2000); Wells Fargo (1998, S. 6).

2.4 Erfolgsfaktoren des In-Store Banking in den USA

Die Erreichung der identifizierten Ziele des In-Store Banking hängt wie bei allem wirtschaftlichen Handeln vom Vorhandensein bestimmter Erfolgsfaktoren ab. Aus den formulierten Zielen lassen sich spontan erste Hypothesen zu den Erfolgsfaktoren ableiten. So ist die Erhöhung der Verkaufsorientierung im Vertrieb wahrscheinlich abhängig von den handelnden Personen am Point of Sale. Der Ausbau des Marktanteils mittels ISB bedarf mit großer Wahrscheinlichkeit einer entsprechend hohen Anzahl von bisherigen Nichtkunden, die wöchentlich den Einzelhändler besuchen.

In der US-amerikanischen Bankfachliteratur sind in den letzten Jahren etliche Beiträge erschienen, in denen Aussagen zum Thema Erfolgsfaktoren des In-Store Banking zu finden sind. Die Diskussion konzentriert sich hierbei auf folgende vier Punkte:

- Mitarbeiter,
- Standort, Design und Prozesse der In-Store Filiale,
- Kundenströme und Marktmacht des Handelspartners,
- Verankerung des In-Store Banking in der Vertriebswegestrategie und im Organigramm der Bank.[74]

Im Anschluß an Erläuterungen zu den Erfolgsfaktoren erfolgt am Ende des Kapitels eine zusammenfassende Betrachtung zur Bedeutung jedes Faktors für die Erreichung der einzelnen Ziele des ISB.

---

[74] Vgl. zu Erfolgsfaktoren des ISB in den USA Arndorfer (1997, S. 8); Barrett (1997, S. 44-49); Braitman (1991, S. 1); Britt (1998, S. 30-31); Cavell (1998, S. 83-84); Chase (1998a, S. 4); ‚Cucumbers Carrots and Cash' (1998, S. 23-27); Davidson (1998a, S. 10-15), (1998b, S. 40-42); Ferris (1995), (1997a, S. 100-101), (1998, S. 32-39); Flur/Ledet/McCoy (1996, S. 76-83); Garnett (1994a, S. 329-334), (1994d, S. 343-346), (1994e, S. 347-350), (1994f, S. 351-354); Gillam (1997b, S. 7); Holmes (1999, S. 6); IBT (1998); Khalfani (1996, S. B10B); Moyer (1999); Pope (1996, S. 4); Reddoch (1998a, S. 95-100), (1998b, S. 6); ‚Retail Branches Redefine focus' (1998, S. 4); Smithers (2000); Shmukler (1999, S. 22-25); Stroup (1998, S. 19-25); Teixeira (1998, S. 8); Williams (1997, S. 12-13); Woosley (1997, S. 1-3); Zack (1996, S. 4A).

2.4.1 Die Mitarbeiter

Wie bei der klassischen Bankfiliale hängt auch beim ISB der Erfolg zu einem Großteil von den agierenden Personen ab, da der Kunde mit den Mitarbeitern in direkten Kontakt tritt. Aufgrund der Lage der In-Store Filialen im Einzelhandelsumfeld müssen die Mitarbeiter in diesen Filialen eine deutlich stärker ausgeprägte Verkaufsorientierung besitzen als in den traditionellen Filialen, da die Bank hier beispielsweise mit den Verkaufstechniken von *Wal-Mart* und Produkten von *Coca Cola* oder *Procter & Gamble* um die Aufmerksamkeit des Kunden konkurriert.[75]

> *„In-store bankers must hire retail-oriented people; they must train them specifically for the supermarket environment; and they must promote the bank proactively in the store.“*[76]

> *„It is more important than ever to recruit employees who can sell.“*[77]

Erfahrungen aus den USA zeigen, daß bei der Rekrutierung der Mitarbeiter für die In-Store Filialen unbedingt darauf geachtet werden muß, daß diese mit den spezifischen Bedingungen im Einzelhandel umgehen können. So ist der Lärmpegel in einem Supermarkt tendenziell höher als in einer normalen Bankfiliale und es herrscht auch weitaus mehr Bewegung. Gerüche sowie optische Reize strömen auf die Mitarbeiter und die Kunden in vielfältiger Form ein. Für diese Atmosphäre braucht man speziell trainierte Mitarbeiter.[78]

Des weiteren hat es sich in den USA gezeigt, daß die aktive Kundenansprache durch die Bankmitarbeiter in den Regalreihen unverzichtbar ist, wenn man mit dem ISB aktiv Marktanteile ausbauen oder hohe Produktverkaufszahlen erreichen und diesen Vertriebsweg nicht nur als zusätzliche Zugangsoption für die Bestandskunden anbieten will.[79]

---

[75] Vgl. hierzu auch Ferris (1998, S. 32).

[76] Zitiert nach Holmes (1999, S. 6).

[77] Zitiert nach Reddoch (1998a, S. 97).

[78] Vgl. Reddoch (1998a, S. 97).

[79] Zahlreiche Banken agieren hier mit Vorgaben für ihre Mitarbeiter in den In-Store Filialen hinsichtlich der Zeitanteile, die für den aktiven Regalverkauf verwendet werden sollen. Die *Union Bank* aus San Francisco in Kalifornien hat ihren

> *„The key thing to success in in-store banking is using the branch as a sales platform, Garnett said. You have to go out into the aisles and talk to the shoppers about becoming customers of the bank."*[80]

Hierfür benötigt man Mitarbeiter, die kommunikationsstark sind, Spaß am Verkauf haben, grundlegende Verkaufstechniken beherrschen und ein gehöriges Maß Selbstmotivation und geringes Frustrationspotential mitbringen. Damit die Mitarbeiter mit dem aktiven Regalverkauf erfolgreich sind, bedarf es nach den Erfahrungen aus den USA neben den persönlichen Fähigkeiten eines speziellen Trainings. Die Verwendung offener Fragen als ‚Eisbrecher', die Ansprache des Kunden am Gemüsestand aber nicht bei den Gefrierprodukten oder die Nutzung des Einkaufswageninhalts als Gesprächsanknüpfungspunkt sind nur einige Beispiele für Tricks und Techniken, die ein erfolgreicher In-Store Banker erlernen muß.[81]

2.4.2 Standort / Design / Prozesse

Hinsichtlich der Standortwahl für In-Store Filialen sind sich die Banken nach den Erfahrungen der letzten Jahre mehr oder weniger einig. Der Standort muß so gewählt sein, daß möglichst alle Kunden des Einzelhändlers daran vorbeikommen oder ihn zumindest sehen können. Hierfür bieten sich die Kassen- sowie die Ein- und Ausgangsbereiche an.[82]

> *„How to manage an in-store branch seems clear as well: put it in a visible spot the front of the store and market it to a captive audience of 20,000-plus weekly shoppers."*[83]

Mitarbeitern ein Ziel von 60 Prozent der Arbeitszeit gesetzt. Die *Star Bank* aus Cincinnati in Ohio arbeitet mit einem 90 Prozent und die *U.S. Bancorp.* mit einem 60 Prozent Ziel. Vgl. hierzu Garnett (1994c, S. 340), (1994d, S. 344); ‚Retail Branches Redefine Focus' (1998, S. 4); Smithers (2000). Als weiteren Verkaufsanreiz für die Mitarbeiter arbeiten etliche Banken mit Verkaufsprämien für Neukunden (in der Regel 5 Dollar pro Neukunde). Vgl. hierzu Flur/Ledet/McCoy (1996, S. 83).

[80] Zitiert nach Shmukler (1999, S. 23).

[81] Vgl. Britt (1998, S. 30-31).

[82] Vgl. Cavell (1998, S. 83-85); Flur/Ledet/McCoy (1996, S. 78); Reddoch (1998a, S. 97-98).

[83] Zitiert nach Reddoch (1998b, S. 6).

Wie die Erfahrungen in den USA auch zeigen, sind das Design und die Prozesse der In-Store Filialen entscheidende Treiber für das dort getätigte Geschäft.

> *„The in-store branch must be designed to perform its assigned role. ...An in-store branch's layout affects how customers interact with the bank. If the design appears to ask for transactions, the branch will get transactions.“*[84]

In Abhängigkeit von der verfolgten Zielstellung sollten demzufolge das Design und auch die technische Ausstattung der In-Store Filiale gewählt werden.[85] Der Trend in den USA geht in der jüngsten Vergangenheit hin zu kleineren In-Store Filialen (25-50m²), die über alle notwendigen technischen Möglichkeiten wie Geldausgabeautomaten, SB-Terminals, Telefonzugang zum Call Center, Internetzugang, Videokiosk für interaktive Beratung und *Check-Cashing-* sowie Münzsammelmaschinen und einen separaten Beratungsraum verfügen. Mit diesem Design sollen gleichzeitig auch die Prozesse in den In-Store Filialen noch effizienter gestaltet werden, da diese über den Erfolg des ISB maßgeblich mitentscheiden. Routinetransaktionen wie papiergebundene Ein- und Auszahlungen oder Kontostandsabfragen werden zunehmend auf die für die Bank kostengünstigere SB-Technik verlagert. Neben den Routinetransaktionen im Zahlungsverkehr sollten die In-Store Filialen auch weitestgehend von allen anderen Abwicklungstätigkeiten und Verwaltungsvorgängen befreit werden. Nur wenn dies gelingt, erhalten die Mitarbeiter die notwendige Zeit für den aktiven, persönlichen Verkauf.[86] Banken, die dies erreicht haben, verzeichnen vielversprechende Resultate, wie die nachfolgenden Zitate zeigen.

> *„A high-performing supermarket bank employee can sell 50 percent more checking accounts, 40 percent more consumer loans, and 100 percent more credit cards per month than the average branch banker (although sales of high-margin investment products are 30 percent lower in supermarket branches).“*[87]

---

[84] Zitiert nach Reddoch (1998b, S. 6).

[85] Eine sehr gute Quelle zu diesem Thema ist Ferris (1998, S. 32-39).

[86] Vgl. Flur/Ledet/McCoy (1996, S. 79f.); Reddoch (1998a, S. 98); Teixeira (1998).

[87] Zitiert nach Flur/Ledet/McCoy (1996, S. 76).

„The bank calculates that a platform officer at a traditional branch can open 7.2 current accounts a month, against 10.3 in a full-service supermarket branch and 17.4 in a banking centre."[88]

2.4.3 Kundenströme und Marktmacht des Handelspartners

Eines der wichtigsten Kriterien bei der Wahl des Handelspartners ist die Anzahl der Kunden, die dort wöchentlich einkaufen. Die erforderliche Mindestkundenzahl liegt laut Erfahrungen der Banken in den USA zwischen 15.000 und 20.000 Kunden pro Woche.[89]

Wenn die notwendige Kundenzahl erreicht wird, ist vor der Entscheidung über die Installation einer In-Store Filiale unbedingt die Soziodemographie der Kunden des Handelspartners zu untersuchen und auf die Verträglichkeit mit den eigenen strategischen Zielen zu überprüfen. Die zentrale Frage lautet hierbei:

- Sind die Kunden des Supermarktes auch die Zielkunden der Bank?

Fällt die Antwort auf diese Frage positiv aus, dann gilt es, die beim Einzelhändler vorhandenen Kundeninformationen aktiv für den Marktauftritt der Bank zu nutzen. Ist die Antwort auf die obige Frage negativ, dann macht eine Zusammenarbeit für die Bank wenig Sinn.[90]

Ob die Möglichkeit der gegenseitigen Nutzung von Kundeninformationen besteht und wie der Erfolg der In-Store Filiale verteilt wird, hängt jedoch in starkem Maße von der jeweiligen Marktmacht der Partner ab.[91]

Banken mit einem hohen Marktanteil im Einzugsgebiet des Handelspartners haben tendenziell nur einen geringen Vorteil aus dem Kundenstrom des Händlers. Sie sind eher daran interessiert, ihre Vertriebskosten zu senken. Treffen solche Banken auf einen Handelspartner mit einem ebenfalls hohen Marktanteil, dann ist es relativ wahrscheinlich, daß eine gleichberechtigte Partnerschaft erreicht wird. Ist der Einzelhandel hingegen stark fragmentiert, dann ist die Bank

---

[88] Zitiert nach Pope (1996, S. 4).

[89] Vgl. Flur/Ledet/McCoy (1996, S. 78); Reddoch (1998b, S. 6).

[90] Vgl. Flur/Ledet/McCoy (1996, S. 79-80); Holmes (1999, S. 6); Cavell (1998, S. 83-84).

[91] Vgl. zu den nachfolgenden Ausführungen Flur/Ledet/McCoy (1996, S. 81-82).

eindeutig in der günstigeren Verhandlungsposition. Der einzige Nachteil besteht darin, daß in einer solchen Situation in der Regel mit mehreren Partnern zusammengearbeitet werden muß.

Banken mit einem geringen Marktanteil profitieren hingegen stark vom Kundenstrom des Handelspartners. Treffen solche Banken auf einen Handelspartner mit einem hohen Marktanteil, dann kann der Händler in den meisten Fällen die Konditionen diktieren, was die Banken oft von einer Nutzung des ISB abhält. Haben sowohl Bank als auch der Händler nur geringe Marktanteile, dann sind die erreichbaren Vorteile eher limitiert.

Eine Untersuchung von McKinsey aus dem Jahr 1996 verdeutlicht, wie die unterschiedliche Marktanteilsverteilung die Entwicklung des ISB unterstützt oder eher behindert. Betrachtet wurden die Städte Phoenix in Arizona und San Antonio in Texas.

In Phoenix hat der führende Einzelhändler *Fry's* einen Marktanteil von 28 Prozent. Die größten Wettbewerber sind *Smitty's* mit 14 Prozent, *Safeway* mit elf Prozent und *Smith's* mit zehn Prozent. Bei den Banken war die *Bank of America* mit einem Marktanteil, gemessen am Anteil der Einlagen, von 27 Prozent der größte Wettbewerber, gefolgt von *BancOne* mit 26 Prozent und *Wells Fargo* mit 17 Prozent. In Phoenix waren vor diesem Hintergrund 30 Prozent der Bankfilialen im Jahr 1996 In-Store Filialen.

Anders stellte sich die Situation in San Antonio dar. Hier hatte das Handelsunternehmen *H-E-B* einen dominierenden Marktanteil von 66 Prozent. Der gößte Wettbewerber war *Albertsons* mit lediglich 15 Prozent. Auf Seiten der Banken war *NationsBank* mit 13 Prozent Marktanteil der Marktführer. Unter diesen Rahmenbedingungen war es für keine Bank möglich, mit *H-E-B* günstige Konditionen auszuhandeln, was dazu führte, daß lediglich drei Prozent der Bankfilialen In-Store Filialen waren.[92]

---

92 Vgl. zu diesem Beispiel Flur/Ledet/McCoy (1996, S. 81-82).

2.4.4 Einbettung in die Vertriebswegestrategie und Organisation der Gesamtbank

Bevor die Entscheidung über Standort, Design, technische Ausstattung etc. der einzelnen In-Store Filialen getroffen werden kann, ist die für den Erfolg der Gesamtbank wichtige Frage nach der Rolle der In-Store Filialen im gesamten Vertriebsnetz zu beantworten.

Idealerweise sollte der In-Store Vertriebsweg Bestandteil eines integrierten Multi-Kanal-Vertriebs[93] sein. Dies ist umso entscheidender, als es für einen Großteil der Kunden, wie in Abschnitt 2.2.1.4 bereits gezeigt wurde, wichtig ist, verschiedene Zugangswege zu Bankdienstleistungen zu nutzen. Die Erreichbarkeit, die Bequemlichkeit und das Serviceniveau des gesamten Vertriebswegenetzes bilden dabei das Erwartungsspektrum des einzelnen Kunden und nicht ein einzelner optimierter Vertriebskanal. Im Zentrum sollte daher auch der einzelne Kunde und nicht, wie bisher oft praktiziert, ein auf die bestehenden Filialsysteme abgestimmter Vertriebsansatz stehen.[94]

> *„Customer-first banks match delivery channels with the customer's preferences and the bank's sales objectives. These banks evaluate the channels on how productively they fulfil their roles, eg sales, service, prospecting, and/or operations. Systems profitability is served when all channels are properly integrated; that is, when they are productively fulfilling their assigned roles within the delivery mix, maximising the sale of profitable products to profitable customers."*[95]

---

[93] Krumnow/Gramlich definieren Multi Channel Banking als ein:

„bankbetriebliches Vertriebskonzept, das im Gegensatz zur Filiale als traditionell ausschließlichem Vertriebsweg einen integrierten Vertriebswegemix vorsieht, bei dem sich die Kunden wahlweise verschiedener Zugangswege zur Bank bedienen können. Hierzu gehören i. d. R. Telefon und Telefax, Internet und Electronic Banking." Zitiert nach Krumnow/Gramlich (2000, http://www.gabler.de/banklexikon/032.htm, Stand: 13.10.2000).

[94] Vgl. Bekier/Flur/Singham (2000, S. 78-85); Flur/Mendonca/Nakache (1997, S. 116-125); Flur/Ledet/McCoy (1996, S. 82); Reddoch (1998a, S. 96).

[95] Zitiert nach Reddoch (1998a, S. 96).

Da das ISB spezifische Anforderungen mit sich bringt, sollte es in der Organisation der Bank auch eigenständig verankert sein. Banken, die besonders aktiv den In-Store Vertriebsweg nutzen, haben daher separate In-Store Banking *Divisions* installiert, die in der Regel dem Vertriebsleiter der Gesamtbank unterstellt sind. Diese Abteilungen entwickeln eigene Managementtools, wie Entlohnungssysteme und Arbeitszeitmodelle, um den speziellen Gegebenheiten des ISB gerecht zu werden. Sie sind ansonsten allein für den reibungslosen Betrieb der In-Store Filialen verantwortlich.[96]

2.4.5 Zusammenfassende Betrachtung der Erfolgsfaktoren

Jeder der diskutierten Erfolgsfaktoren hat für die Erreichung der einzelnen Ziele, die mit dem ISB verbunden werden, eine unterschiedliche Wichtigkeit (siehe Abbildung 14).

Will man mit dem In-Store Banking vorrangig den Marktanteil ausbauen, dann sind neben den eingesetzten Mitarbeitern auch die Kundenströme und die Marktstellung des Handelspartners sehr wichtig. Dient der In-Store Vertrieb in erster Linie dem Ziel der Marktabsicherung, dann hängt die Zielerreichung sehr stark von der Marktposition des Handelspartners ab, da mit der richtigen Wahl ganze Marktgebiete abgeschottet werden können.

Für die Erreichung des Kostensenkungsziels im stationären Vertrieb sind neben dem Standort, dem Design und den Prozessen in der In-Store Filiale auch die Integration in die Vertriebswegestrategie und die Verankerung im Organigramm von entscheidender Bedeutung.

Das Ziel der höheren Verkaufsorientierung wird besonders stark durch die Mitarbeiter, die Prozesse und den Standort der In-Store Filiale determiniert. Gleiches gilt auch für die Erreichung des Ziels, das mit Erfüllung der Kundenerwartungen beschrieben wurde, wobei hier zusätzlich die Integration in die Vertriebswegestrategie von großer Wichtigkeit ist.

---

[96] Vgl. Flur/Ledet/McCoy (1996, S. 83); Pope (1996, S. 4); Stroup (1998, S. 21).

Abbildung 14: Wichtigkeit einzelner Erfolgsfaktoren für die Erreichung der Ziele des In-Store Banking in den USA

Erfolgsfaktor / Ziel	Ausbau der Marktstellung	Absicherung der Marktstellung	Kostensenkung im stationären Vertrieb	Erfüllung der Kundenerwartungen	Stärkere Verkaufsorientierung
Mitarbeiter	Sehr wichtig	Wichtig	Weniger wichtig	Sehr wichtig	Sehr wichtig
Standort/Design/ Prozesse der In-Store Filiale	Wichtig	Wichtig	Sehr wichtig	Sehr wichtig	Sehr wichtig
Kundenströme und Marktmacht des Handelspartners	Sehr wichtig	Sehr wichtig	Weniger wichtig	Wichtig	Weniger wichtig
Verankerung im Organigramm u. in der Vertriebswegestrategie	Wichtig	Wichtig	Sehr wichtig	Sehr wichtig	Wichtig

Quellen:

Eigene Darstellung in Auswertung von Arndorfer (1997); Barrett (1997); Braitman (1991); Britt (1998); Cavell (1998); ‚Cucumbers Carrots and Cash' (1998); Chase (1998a); Davidson (1998a), (1998b); Ferris (1995), (1997a), (1998); Flur/Ledet/ McCoy (1996); Garnett (1994a), (1994d), (1994e), (1994f); Gillam (1997b); Holmes (1999); IBT (1998); Khalfani (1996); Moyer (1999); Pope (1996); Reddoch (1998a), (1998b); ‚Retail Branches Redefine focus' (1998); Smithers (2000); Shmukler (1999); Stroup (1998); Teixeira (1998); Williams (1997); Woosley (1997); Zack (1996).

3 In-Store Banking in Deutschland

3.1 Entwicklung des In-Store Banking in Deutschland

Die Entwicklung des In-Store Banking in Deutschland läßt sich grob in zwei Phasen unterteilen. Die erste Phase begann Anfang der 1970er Jahre mit den Versuchen einiger Banken, traditionelle Filialen in Kaufhäusern zu etablieren. Diese Experimente führten größtenteils zu Mißerfolgen und einige der Filialen mutierten im Laufe der Zeit zu Geldausgabeautomaten und SB-Terminals.[97]

Der Beginn der zweiten Phase läßt sich auf den Juli 1996 datieren. Damals gab die Deutsche Bank bekannt, daß sie ihren ersten Bankshop in einem Allkauf in Rheine im Oktober eröffnen wird.[98] Einige Monate nach der Eröffnung des ersten Bankshops der Deutschen Bank zogen weitere Großbanken mit eigenen Pilotprojekten nach. So eröffnete beispielsweise die damalige Bayerische Hypotheken- und Wechselbank im November 1996 einen Bankshop in Oberschleißheim und die

---

[97] So hatte die Commerzbank beispielsweise bereits seit 1986 Filialen bei Karstadt in Münster sowie auch zeitweise in München. Letztere ist allerdings zu einem Geldausgabeautomaten geschrumpft. Auch die Filiale der Deutschen Bank im Düsseldorfer Carsch-Haus wurde nach fünf Jahren in ein SB-Terminal umgewandelt. Vgl. ‚Banken gehen im Supermarkt auf Kundenfang' (1996, S. 25). Dies führte dazu, daß sich bis auf die von Handelskonzernen gegründeten Konsumentenkreditbanken kaum jemand für Bankgeschäfte im Einzelhandelsumfeld interessierte.

[98] Erstaunlicherweise ist in den Pressenotizen zu diesem Thema festzustellen, daß die erste Absichtserklärung zur Eröffnung von In-Store Filialen nicht von der Deutschen Bank sondern von der Commerzbank stammt. In der *Wirtschaftswoche* vom 25.07.1996 gibt Rainer Sureth, Bereichsleiter Privatkundengeschäft bei der Commerzbank, in einem Artikel Auskunft über die geplante Eröffnung eines neuen Filialtyps in Supermärkten. Vgl. hierzu ‚Commerzbank - Filialen in Supermärkten' (1996, S. 11). Den weitaus größeren Niederschlag in der Presse fand jedoch die Erklärung der Deutschen Bank wenige Tage später. Am 31.07.1996 berichteten zahlreiche Zeitungen über das Vorhaben der Deutschen Bank. Vgl. hierzu u.a. ‚Banken gehen im Supermarkt auf Kundenfang' (1996, S. 25); ‚Bankgeschäfte bald im Supermarkt' (1996, S. 15); ‚Deutsche Bank geht in die Supermärkte' (1996, S. 16); ‚Deutsche Bank geht in die Supermärkte. Neue Vertriebsschiene soll ab Herbst die Kunden locken' (1996, S. 22); ‚Deutsche Bank Kunden werden künftig in Supermärkten bedient' (1996, S. 11); ‚Deutsche Bank in SB-Märkten' (1996, S. 21).

Commerzbank ihre erste In-Store Filiale im April 1997 in Dortmund.[99] In den Jahren 1998 und 1999 veröffentlichten einige Banken Erfolgsmeldungen über ihre In-Store Aktivitäten und die zukünftigen Ausbaupläne, was für die weitere Verbreitung des Konzeptes mit Sicherheit förderlich war. Inzwischen haben auch einige Banken aus dem Sparkassen- und dem Genossenschaftssektor erste Erfahrungen mit dem In-Store Banking gesammelt, wie man der Tabelle 2 entnehmen kann.

Über die genaue Anzahl der in Deutschland vorhandenen In-Store Filialen gab es bisher keine Erhebungen. Haubrichs ging im Oktober 1999 von ca. 50 In-Store Filialen in Deutschland aus.[100] Anhand der vom Autor durchgeführten Interviews bei Banken in Deutschland und aktueller Recherchen kann man per Ende August 2000 von 82 In-Store Filialen in Deutschland ausgehen.[101] Dies ist ein deutlicher Anstieg gegenüber Ende 1996, als es in Deutschland nur drei In-Store Filialen gab,[102] aber immer noch ein verschwindend geringer Anteil an allen Bankzweigstellen in Deutschland. Die per August 2000 ermittelten 82 Bankshops machen, wenn man die Filialen der Deutschen Postbank nicht miteinbezieht, einen Anteil von lediglich 0,18 Prozent aller Zweigstellen aus. Unter Einbeziehung der Deutschen Postbank liegt der Anteil bei nur 0,14 Prozent.[103]

---

[99] Vgl. Burgmaier (1997, S. 60)

[100] Vgl. Haubrichs (1999, S. 71.)

[101] Vgl. Tabelle 2 und die dort angegebenen Quellen.

[102] Ende 1996 unterhielt die Deutsche Bank zwei In-Store Filialen und die damalige Bayerische Hypotheken- und Wechselbank eine Pilotfiliale. Vgl. Burgmaier (1997, S. 60), Ruh (1999, S. 39).

[103] Für die Kalkulation wurde die Anzahl der Bankzweigstellen in Deutschland per 31.12.1999 verwendet. Diese betrug 58.546 inklusive Deutsche Postbank AG und 44.443 ohne die Deutsche Postbank AG. Vgl. Deutsche Bundesbank (2000a, S. 104).

Tabelle 2: In-Store Filialen deutscher Banken per Ende August 2000

Bank	Anzahl In-Store Filialen	Bank	Anzahl In-Store Filialen
Commerzbank[a]	28	Sparkasse Leer-Weener[p]	1
Deutsche Bank 24[b]	9	Sparkasse Ostprignitz-Ruppin[q]	1
Sparkasse Bremen[c]	6	SSK Hemer[r]	1
Hypovereinsbank[d]	5	Stadt-/Saalkreissparkasse Halle[s]	1
BB Bank[e]	3	SSK Neustadt an der Weinstraße[t]	1
Städt. Sparkasse Bremerhaven[f]	3	RB Rheinbach-Euskirchen[u]	1
Sparkasse Leipzig[g]	3	Raiffeisen-Volksbank Dillingen[v]	1
Hamburger Sparkasse[h]	2	Volksbank Baden-Baden Rastatt[w]	1
Kreissparkasse Saarlouis[i]	2	Volksbank Dreieich[x]	1
Berliner Volksbank[j]	1	Volksbank Gotha-Eisenach[y]	1
Landesgirokasse Stuttgart[k]	1	Volksbank Mosbach[z]	1
Nassauische Sparkasse[l]	1	Volksbank Hüls-Tönisvorst[aa]	1
Saar Bank Saarbrücken[m]	1	Volksbank Lahr-Gengenbach/Zell[ab]	1
Sparda Bank Frankfurt (Main)[n]	1	Volksbank Oberhausen-Mühlheim[ac]	1
Sparda Bank Kassel[o]	1	Wartburg Sparkasse Eisenach[ad]	1

Quellen:

a Interview Stefano Morelli.
b Interview Harald Klocke.
c Interview Stefan Meyer.
d Interview Kim Christensen.
e Interview Patrick Hartmann.
f Städt. Sparkasse Bremerhaven (2000).
g Interview Ingo Walther.
h Interview Thorsten Giele.
i Kreissparkasse Saarlouis (2000).
j Berliner Volksbank (2000).
k Interview Stefan Ruf.
l Interview Klaus Wolf
m Saar Bank Saarbrücken (2000).
n Sparda Bank Frankfurt (2000).
o Sparda Bank Kassel (2000).
p Sparkasse Leer-Weener (2000).
q Sparkasse Ostprignitz-Ruppin (2000).
r SSK Hemer (2000).
s Stadt- und Saalkreissparkasse Halle (2000, S. 32).
t SSK Neustadt a. d. Weinstraße (2000).
u Interview Heinz Haubrichs / Dagmar Strauß.
v Raiffeisen-Volksbank Dillingen (2000).
w Interview Volker Nothacker.
x Volksbank Dreieich (2000).
y Volksbank Gotha-Eisenach (2000).
z Volksbank Mosbach (2000).
aa Volksbank Hüls-Tönisvorst (2000).
ab VB Lahr-Gengenbach/Zell (2000).
ac VB Oberhausen-Mühlheim (2000).
ad Wartburg Sparkasse Eisenach (2000).

3.2 *Ursachen für die Etablierung des In-Store Banking bei Banken in Deutschland in den 1990er Jahren*

In den ersten Artikeln zum In-Store Banking, die in deutschsprachigen Publikationen erschienen sind, wurden bei der Diskussion der Ursachen zum Teil die Argumentationsmuster aus den USA verwendet.[104] Auch die vom Autor durchgeführten Interviews bestätigen dieses Bild teilweise. Die Frage nach den Ursachen für den Aufbau von In-Store Filialen beantworteten immerhin zwei Banken unter anderem auch damit, daß jemand diese Idee aus den USA mitgebracht habe.[105] In Tabelle 3 sind die Ursachen, die von den interviewten Banken genannt wurden, zusammengefaßt.

Tabelle 3: Ursachen für die Installation von In-Store Filialen bei einzelnen Banken in Deutschland

Ursache / Bank	A	B	C	D	E	F	G	H	I	J
Hohe Kosten und niedrige Profitabilität im klassischen Filialvertrieb	X	X			X	X	X	X		
Längere Ladenöffnungszeiten nach der Liberalisierung des Ladenschlußgesetzes	X	X				X	X	X	X	
Abnehmende Kontaktfrequenz in den traditionellen Filialen										
• aufgrund stärkerer Nutzung von SB-Geräten und Direktbankangeboten	X	X				X	X			
• aufgrund veränderten Anlageverhaltens	X					X				
Zahlreiche Kunden wollen Banking & Shopping an einem Ort		X			X	X	X	X	X	X
Ansprache erfolgte durch den Einzelhandel			X	X						X
Bisher zu geringer Marktanteil im Privatkundengeschäft						X	X	X		
Idee aus den USA mitgebracht und umgesetzt						X	X			
Dem Beispiel anderer Banken gefolgt, die damit erfolgreich sind.					X					

Quelle: Ergebnisse der durchgeführten Interviews.

---

[104] Vgl. hierzu zum Beispiel Burgmaier/Jünemann (1996, S. 36); Gloystein (1998, S. 12-14); Grohmann (1998, S. 406-407); Haubrichs (1999, S. 71); Leitermann (1998, S. 620-621); Lucius (1998, S. 960); Pauluhn (1997), (1998, S. 90).

[105] Für die weitere Untersuchung bleibt diese Ursache unberücksichtigt, da es ja Ziel dieser Arbeit ist, herauszufinden, ob die Übertragbarkeit des In-Store Banking auf Deutschland überhaupt gegeben ist.

In Anlehnung an die Vorgehensweise für die USA werden die Ursachen für Zwecke der Vergleichbarkeit in bankexterne und bankinterne Ursachen unterteilt.

Die von den Interviewpartnern angeführten bankexternen Ursachen konzentrieren sich dabei auf die Punkte:

- Ansprache durch den Einzelhandel,
- Wunsch der Kunden nach Banking & Shopping an einem Ort,
- längere Ladenöffnungszeiten nach der Liberalisierung des Ladenschlußgesetzes in Deutschland im Jahr 1996,
- abnehmende Kontaktfrequenz in der herkömmlichen Zweigstelle aufgrund der verstärkten Nutzung von SB-Geräten und Direktbankangeboten,
- abnehmende Kontaktfrequenz in der herkömmlichen Zweigstelle aufgrund von Veränderungen im Anlageverhalten der privaten Haushalte in Deutschland.

Als bankinterne Ursachen wurden von den befragten Banken folgende Argumente genannt:

- hohe Kosten und niedrige Profitabilität des traditionellen Filialsystems,
- geringer Marktanteil im Privatkundengeschäft,
- Kopie eines erfolgreichen Modells.

In den folgenden Abschnitten wird jede in den Interviews angeführte Ursache kurz diskutiert. Hiermit wird einerseits das Ziel verfolgt, ein genaueres Verständnis der einzelnen Beweggründe zu erreichen, und andererseits nach Anhaltspunkten dafür zu suchen, ob die genannten Gründe unter Umständen auch für weitere Banken Gültigkeit haben könnten.

3.2.1 Bankexterne Ursachen

3.2.1.1 Der Wunsch der Kunden nach Banking & Shopping an einem Ort / Ansprache durch den Einzelhandel

Zwei der interviewten Banken gaben als alleinige Ursache für die Eröffnung einer In-Store Filiale die Anfrage des jeweiligen Handelspartners an. Eine weitere Bank führte dies als eine von zwei

Ursachen an. Hier ist davon auszugehen, daß der Händler ein Interesse daran hatte, einen Bankshop in seinem Umfeld zu installieren, um den eigenen Kunden durch das Angebot von Banking & Shopping an einem Ort einen Zusatznutzen zu bieten. Die eigentliche Ursache liegt daher in dem vorhandenen Kundenwunsch nach der Verbindung von Einkauf und Bankgeschäften. Insgesamt sieben von zehn Banken gaben dies auch als eine Ursache für den Aufbau von In-Store Filialen an. Nimmt man die beiden oben erwähnten Banken noch dazu, dann sind es neun Banken, bei denen der Kundenwunsch nach Banking & Shopping an einem Ort eine Ursache des ISB ist. Es war damit die am häufigsten genannte Ursache.

„Wir wollen dort sein, wo die Bankkunden sind, und dann geöffnet haben, wenn diese es wünschen,"[106] mit diesem Satz ließ sich Georg Krupp, Vorstandsmitglied der Deutschen Bank, 1996 zitieren, als er die geplante Eröffnung des ersten Bankshops bekanntgab. Hinter dieser Aussage steht einerseits die Überzeugung, daß die bisherigen Zweigstellen bezüglich der Lage und der Öffnungszeiten nicht immer optimal für die Bankkunden sind, und andererseits die Annahme, daß die Bankkunden Banking & Shopping gern miteinander verbinden wollen. Auf die bisherige Standortpolitik und die Entwicklung des Geschäftsstellennetzes deutscher Kreditinstitute soll an dieser Stelle nicht weiter eingegangen werden,[107] vielmehr interessiert die Frage, ob es Anhaltspunkte dafür gibt, daß ein Teil der deutschen Bankkunden gern Shopping und Banking zu den Öffnungszeiten des Handels miteinander verbinden möchte und somit veränderte Ansprüche an den stationären Vertrieb stellt.

Ergebnisse von Kundenbefragungen liefern Hinweise dafür, daß ein nicht unerheblicher Teil der Bankkunden in Deutschland in der Tat an diesem neuen Zugangsweg zu Bankdienstleistungen interessiert ist. Die Citibank kam 1997 in einer Befragung von 1.000 Supermarktkunden in Deutschland zu einem überaus positiven Ergebnis. Auf die Frage, ob sich die Kunden von Supermärkten die Abwicklung ihrer Bankgeschäfte

---

[106] Georg Krupp zitiert nach: ‚Banken gehen im Supermarkt auf Kundenfang' (1996, S. 25).

[107] Vgl. zum Aufbau des Geschäftsstellennetzes deutscher Universalbanken in den vergangenen Jahrzehnten Hein (1993, S. 250).

beim Einkauf vorstellen könnten, antworteten mehr als 90 Prozent mit „Ja“.[108] Als Hauptvorteil des Bankings beim Einkauf nannten 81 Prozent der Befragten die Zeitersparnis, da Einkauf und Bankgeschäfte in einem möglich sind. Für 66 Prozent der Befragten waren die längeren Öffnungszeiten und für 51 Prozent die kostenlosen und bequemen Parkmöglichkeiten die Hauptvorteile.[109]

Nicht ganz so euphorisch wie die Umfrageergebnisse der Citibank sind die 1997 von der GfK ermittelten Daten zum Interesse der Kunden an der Nutzung eines Bankshops im Supermarkt (siehe Abbildung 15). Immerhin 39 Prozent der befragten Kunden haben Interesse an der Nutzung von Bankshops. Auf die Frage nach den Gründen für das Interesse gaben 23 Prozent an, daß es praktisch wäre, ebenfalls 23 Prozent nannten die Wege- und Zeitersparnis und 17 Prozent die gute Erreichbarkeit des Bankshops, der näher als die Bank liegt.[110]

Zu einem ähnlichen Ergebnis kommt 1998 auch die Commerzbank, die von einer Akzeptanz der In-Store Filialen bei rund 50 Prozent der SB-Warenhaus-Stammkunden ausgeht.[111] In einer Pressemitteilung der Commerzbank vom 29.10.1998 heißt es:

> „Die neuen Kunden schätzen genau das, was wir als Hauptkriterien bereits in der Konzeption aufgeführt haben. Bequeme Erreichbarkeit ohne zusätzliche Parkplatzsuche zu den Öffnungszeiten des SB-Warenhauses, verbunden mit der umfangreichen Privatkunden-Produktpalette einer Großbank.“[112]

Eine Passantenbefragung der Raiffeisenbank Rheinbach Euskirchen eG im Mai/Juni 1999 führte zu dem Ergebnis, daß 23 Prozent der Befragten fast jeden Einkauf von Gütern des täglichen Bedarfs auch mit einem

---

[108] Vgl. Citibank (1997a); Hoffmann (1998, S. 423).

[109] Bei der Frage nach den Hauptvorteilen des Bankings beim Einkauf waren Mehrfachnennungen möglich. Vgl. Citibank (1997b).

[110] Vgl. hierzu Abbildung 15 und die dort angegebene Quelle.

[111] Vgl. zu der Prozentangabe Lucius (1998, S. 961).

[112] Zitiert nach: Commerzbank (1998b).

Bankbesuch verbinden. Immerhin 54 Prozent der Befragten gaben an, dies hin und wieder zu tun.[113]

Abbildung 15: Interesse deutscher Bankkunden an der Nutzung eines Bankshops im Supermarkt im Jahr 1997

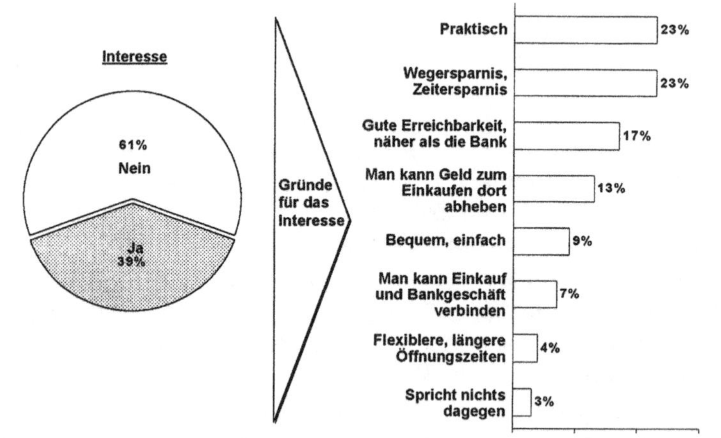

Quelle: GfK (1997, S. 18).

Die hier vorgestellten Umfrageergebnisse geben Anlaß zur Vermutung, daß mindestens ein Drittel der Kunden in Deutschland Interesse an der Nutzung des In-Store Vertriebsweges hat. Eine Aussage über die in den Bankshops präferierten Bankdienstleistungen oder das Nutzungsverhalten kann man aus den Umfragen jedoch nicht ableiten.

3.2.1.2 Die längeren Ladenöffnungszeiten nach der Liberalisierung des Ladenschlußgesetzes in Deutschland

Die längeren Ladenöffnungszeiten nach der Liberalisierung des Ladenschlußgesetzes im Jahr 1996 wurden ebenfalls von sechs Banken als eine Ursache genannt. Das mit der Liberalisierung des Ladenschlußgesetzes nahezu zeitgleiche Auftauchen der ersten In-Store Filialen in

---

[113] Vgl. Haubrichs (1999, S. 71).

Deutschland war mit großer Wahrscheinlichkeit kein Zufall.[114] Georg Krupp, Vorstandsmitglied der Deutschen Bank, spricht in einem Interview Ende 1996 davon, daß dies „ein durchaus gewollter zeitlicher Zusammenhang" sei und führt weiter aus: „Wir nutzen konsequent die neuen Ladenöffnungszeiten".[115]

Ohne die Erweiterung der Ladenöffnungszeiten in Deutschland wäre es für die Banken weniger attraktiv gewesen, mit eigenen Filialen in den Einzelhandel zu gehen. Diese These wird unter anderem durch die zeitliche Lage der größten Absatzerfolge in den In-Store Filialen gestützt. Insbesondere in den Abendstunden und am Samstag verkaufen die Mitarbeiter in den Bankshops am meisten.[116]

Ein weiteres Argument, das die Bedeutung längerer Öffnungszeiten für Banken unterstreicht, ist der Mangel an Differenzierungspotentialen. Durch die Erweiterung der Öffnungszeiten in den Bankshops sehen einige Banken die Möglichkeit, sich von den Wettbewerbern zu differenzieren und somit möglicherweise Wettbewerbsvorteile zu erreichen.[117]

3.2.1.3 Die abnehmende Kontaktfrequenz in der Zweigstelle aufgrund der verstärkten Nutzung von SB-Geräten und Direktbankangeboten

Vier Banken gaben die geringere Kontakthäufigkeit in den traditionellen Filialen aufgrund der verstärkten Nutzung von SB-Geräten und Direktbankangeboten als Ursache des ISB an. Das Institut für Demoskopie Allensbach kam in einer Untersuchung für den Bundesverband der Deutschen Volksbanken und Raiffeisenbanken schon im Jahr 1996 zu der Einschätzung:

---

[114] Vgl. hierzu auch Burgmaier/Jünemann (1996, S. 36); Leitermann (1998, S. 621).

[115] Vgl. hierzu ‚Bankingshop im Supermarkt' (1996, S. 120).

[116] Vgl. Burgmaier (1997, S. 62), Ergebnisse der geführten Interviews.

[117] Ergebnisse der geführten Interviews. Zu der Möglichkeit durch erweiterte Öffnungszeiten Wettbewerbsvorteile zu erreichen, vgl. auch Krause/Schmengler (1998). Krause/Schmengler kommen in ihrer Untersuchung zu dem Ergebnis, daß nach einer Beschäftigung mit dem Thema Öffnungszeiten rund 60 Prozent der Bankkunden mit den bisherigen Öffnungszeiten nicht zufrieden sind und diese insbesondere eine Erweiterung der Öffnungszeiten bis 20.00 Uhr und am Samstag bevorzugen.

> „Im Mittelfeld des Erwartungsprofils [der Kunden], jedoch mit enorm gewachsener Bedeutung, liegen das Angebot von Selbstbedienungsmöglichkeiten sowie die technische Ausstattung der Bank.“[118]

Die Citibank stellt hierzu in ihrem Geschäftsbericht 1999 fest:

> „Das Kundenverhalten änderte sich dahingehend, daß ein durchgehend verfügbarer Service erwartet wird und hierfür zunehmend elektronische Vertriebswege bevorzugt werden.“[119]

Hinweise auf das Ausmaß dieser Entwicklung kann man zum Beispiel durch Statistiken über die Anzahl der Online-Konten in Deutschland erhalten. Ihre Zahl stieg von 1,38 Mio. im Jahr 1995 auf 6,9 Mio. im Jahr 1998 und weiter auf zuletzt 10,16 Mio im Jahr 1999.[120]

Ein weiteres Indiz für die zunehmende Akzeptanz von SB-Vertriebswegen ist die Anzahl der in Deutschland aufgestellten Geldausgabeautomaten und die dort getätigten Transaktionen. So stieg die Zahl der Geldausgabeautomaten von 29.400 im Jahr 1994 auf 45.615 im Jahr 1998 bei einer gleichzeitigen Zunahme der Transaktionszahl von 935 Mio. im Jahr 1994 auf 1.405,5 Mio. im Jahr 1998.[121]

Neben der reinen Transaktionszahl ist auch der Anteil der Kunden, die den Geldausgabeautomaten aktiv nutzen, in den letzten Jahren gestiegen. Gaben 1995 nur 46 Prozent der Kunden an, den Geldausgabeautomaten regelmäßig zu nutzen, so waren dies im Jahr 1998 schon 57,3 Prozent. Ein ähnliches Bild ergibt sich auch bei den Nutzern von Kontoauszugsdruckern. Regelmäßig nutzten 68 Prozent der Kunden den KAD im Jahr 1995. Drei Jahre später stieg der Anteil der regelmäßigen Nutzer bereits auf 75,8 Prozent.[122]

---

[118] Zitiert nach BVR (1996, S. 12).

[119] Zitiert nach: Citibank (2000, S. 57).

[120] Vgl. BdB (2000).

[121] Vgl. ECB (2000, S. 36).

[122] Vgl. zu den Angaben Abbildung 16 und die dort angegebene Quelle.

Abbildung 16: Nutzung von GAA und KAD bei Bankkunden in Deutschland in den Jahren 1995 und 1998

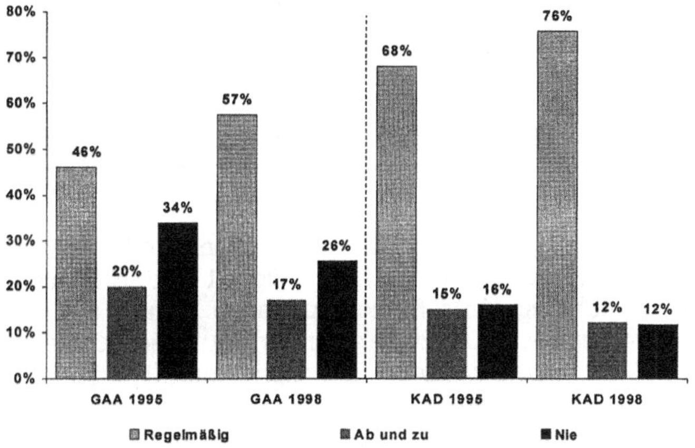

Quelle: *Das Deutsche Kundenbarometer* (1995, Tabelle 12; 1998, Tabelle 13a).

Abbildung 17: Nutzung von GAA und KAD bei Bankkunden in Deutschland nach Altersgruppen im Jahr 1998

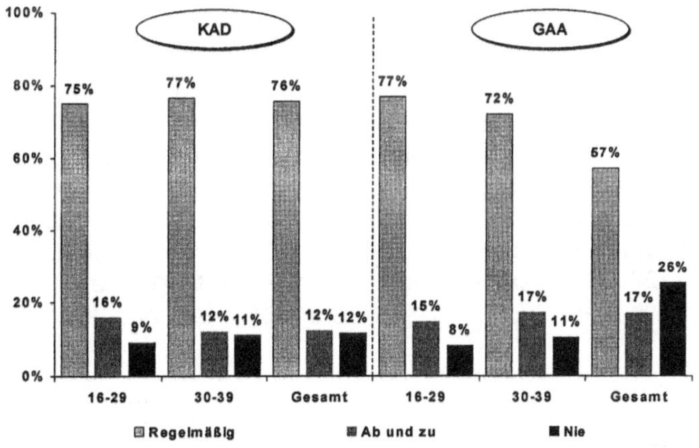

Quelle: *Das Deutsche Kundenbarometer* (1998, Tabelle 13a).

Für die nächsten Jahre liegt deshalb die Vermutung nahe, daß sich dieser Trend noch verstärken wird. Schaut man sich die Nutzungsquoten von GAA und KAD nach Altersgruppen an, dann wird dieser Eindruck bestätigt. Insbesondere für Bargeldauszahlungen wird die Gruppe der heute bis 39jährigen in Zukunft auf die Filialen noch stärker verzichten (siehe Abbildung 17).

3.2.1.4 Die abnehmende Kontaktfrequenz in der Zweigstelle aufgrund von Veränderungen im Anlageverhalten der privaten Haushalte in Deutschland

Zwei Banken gaben das veränderte Anlageverhalten der Privatkunden als eine Ursache für die geringere Kontakthäufigkeit in den Filialen an und führten die Einrichtung ihrer Bankshops auch darauf zurück. In ihrem Monatsbericht aus dem Juni 2000 stellt die Deutsche Bundesbank hinsichtlich der Anlagepräferenzen der privaten Haushalte in Deutschland für das Jahr 1999 fest:

> „Die Wahl der Anlageformen wurde wiederum hauptsächlich von Renditeüberlegungen bestimmt, ... Anlagefavoriten waren in erster Linie Aktien und Investmentzertifikate auf Aktienbasis, ...In der Anlegergunst zurückgefallen ist dagegen die Geldanlage bei Banken und Bausparkassen.“[123]

Diese Bestandsaufnahme der Deutschen Bundesbank für das Jahr 1999 spiegelt einen Trend wider, der bereits seit mehreren Jahren in Deutschland zu beobachten ist. Die Bankkunden sind tendenziell eher bereit, Risiken einzugehen, um höhere Renditen zu erzielen. Eine Untersuchung der Geldvermögensbildung der privaten Haushalte seit 1992 zeigt eine deutliche Verlagerung weg von Bankprodukten hin zu Wertpapieren. Wurden 1992 noch 45,1 Prozent der privaten Geldvermögensbildung bei Banken angelegt und lediglich 24 Prozent in Wertpapieren, so änderte sich dieses Bild bereits 1995 zu Gunsten der Wertpapiere, die 28,1 Prozent auf sich vereinten im Gegensatz zu nur noch 26 Prozent bei den Banken. Im Jahr 1999 lag der Anteil der

---

[123] Zitiert nach Deutsche Bundesbank (2000b, S. 23, 25).

Vermögensbildung in Wertpapieren bei 41,7 Prozent und der Anteil der Banken bei lediglich 6,5 Prozent.[124]

Abbildung 18: Aufteilung der Geldvermögensbildung der privaten Haushalte in Deutschland von 1992-1999

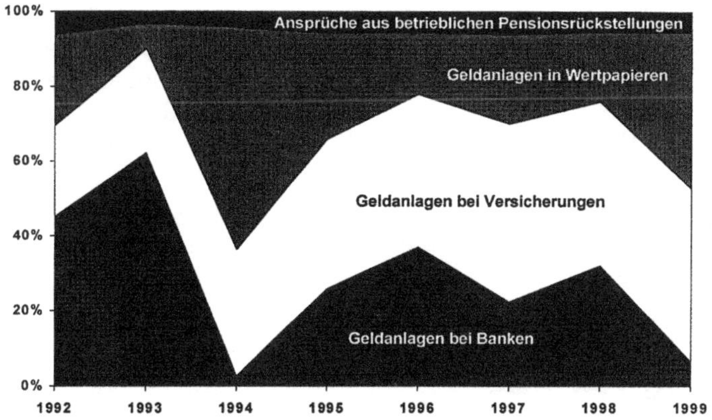

Quelle: Deutsche Bundesbank (2000b, S. 24).

In einer langfristigen Betrachtung seit den 1950er Jahren wird deutlich, daß der Trend weg von den Bankeinlagen kein Phänomen der 1990er Jahre ist, sondern bereits seit mehreren Jahrzehnten zu beobachten war. In den letzten Jahren hat sich die Entwicklung jedoch deutlich beschleunigt. In den 1950er Jahren wurden im Schnitt 59,2 Prozent der Geldvermögensbildung bei Banken angelegt und nur 6,8 Prozent in Wertpapieren. Die 1960er Jahre brachten einen ersten kräftigen Schub in Richtung Wertpapiere. Rund 13,7 Prozent der Geldvermögensbildung flossen in diesem Jahrzehnt in Wertpapiere, aber immer noch 56,5 Prozent in Bankeinlagen. In den 1970er Jahren setzte sich diese Entwicklung in abgeschwächter Form fort. In Bankeinlagen flossen 53,8 Prozent und in Wertpapiere 14,4 Prozent. Die 1980er Jahre brachten einen deutlichen Zuwachs für Wertpapiere mit sich. Ihr Anteil erhöhte

[124] Vgl. Abbildung 18 und die dort angegebenen Quellen.

sich auf 23 Prozent, wobei der Anteil der Bankeinlagen auf 37,9 Prozent zurückging. Im Durchschnitt der 1990er Jahre lag der Anteil der Wertpapiere mit 27,8 Prozent nur noch unwesentlich unter dem der Bankeinlagen mit 30,3 Prozent.[125]

Die bisher beschriebenen Entwicklungen in der Geldvermögensbildung haben auch zu massiven Veränderungen in der Verteilung der Geldvermögensbestände geführt. Im Jahr 1960 betrug der Anteil der Bankeinlagen am gesamten Geldvermögen der privaten Haushalte noch 45,73 Prozent und stieg bis auf 54,52 Prozent im Jahr 1975 an. Danach sank der Anteil der Bankeinlagen stetig auf zuletzt 36,21 Prozent im Jahr 1998.[126]

Abbildung 19: Aufteilung der Geldvermögensbestände der privaten Haushalte in Deutschland von 1960-1998

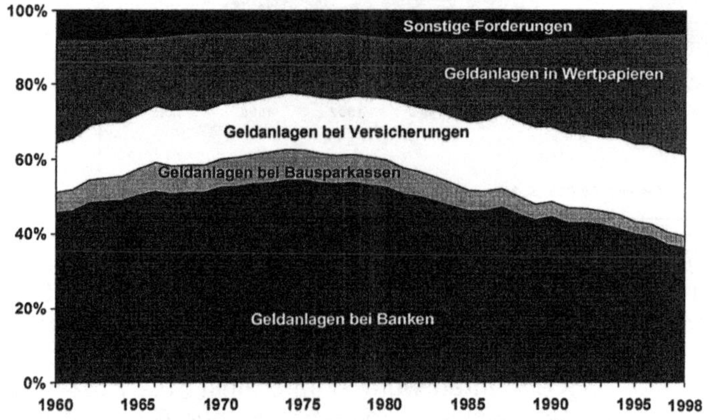

Quelle:
1960-1996 Deutsche Bundesbank (1998, Tabelle 1.2.4).
1997-1998 Deutsche Bundesbank (1999a, S. 36,38).

---

[125] Vgl. zu den Zahlenangaben und möglichen Ursachen für diese Entwicklung Stappel (2000, S. 2-4).

[126] Die Prozentangaben basieren auf eigenen Kalkulationen mit Hilfe der Geldvermögensdaten der Deutschen Bundesbank. Die Bankeinlagen umfassen

Die von den befragten Banken angeführte Veränderung des Anlageverhaltens der privaten Haushalte in Deutschland fand und findet noch immer statt, wie die dargestellten Entwicklungen zeigen. Inwieweit damit eine Abnahme der Kontaktfrequenz in den Filialen bereits in den letzten Jahren verbunden war, dafür lassen sich über alle Bankengruppen hinweg keine eindeutigen Indizien finden. Da in Deutschland ein Großteil der Anlageprodukte, die nicht Bankeinlagen sind, wie Investmentfonds, Aktien oder Rentenpapiere auch über Bankzweigstellen vertrieben wird, ist es nur schwer zu beurteilen, wie stark die Kundenkontakte tatsächlich durch Veränderungen im Anlageverhalten zurückgegangen sind. Mit großer Wahrscheinlichkeit ist diese Entwicklung erst mit dem Markteintritt zahlreicher Direktbanken seit Mitte der 1990er Jahre und dem Angebot von Telefonbanking auch für Filialkunden zu einem wirklichen Problem für die Zweigstellen geworden. Anhaltspunkte hierfür findet man bei Grebe/Kreuzer (1997)[127]. Dort wird die derzeitige und die gewünschte Vertriebswegenutzung für Aktien- und Investmentkäufe dargestellt. Es zeichnet sich ab, daß mehr und mehr Kunden für derartige Geschäfte das Telefon oder das Internet bereits nutzen oder zukünftig nutzen wollen. Damit führt die Umschichtung der Geldvermögensbestände in der Konsequenz indirekt zu einer Abnahme der Kontakte mit den Mitarbeitern in den Bankfilialen. Die eigentliche Ursache liegt aber in der verstärkten Nutzung neuer, nichtstationärer Vertriebswege.[128]

---

hierbei Bargeld, Sichteinlagen, Termingelder und Spareinlagen. Vgl. zu den Datenquellen Abbildung 19 und die dort angeführten Quellen.

[127] Vgl. Grebe/Kreuzer (1997, S. 70-71).

[128] In diesem Zusammenhang liegt die Vermutung nahe, daß bei der Beantwortung der Frage nach den Ursachen des ISB die auch in deutschen Fachkreisen gut bekannte Argumentation von Radecki/Wenninger/Orlow (1996) bei den Interviewpartnern eine Rolle spielte. Hier wird, wie im Abschnitt 2.2.1.2 gezeigt, im veränderten Anlageverhalten der privaten Haushalte eine wesentliche Ursache für das Entstehen des ISB in den USA gesehen. Obwohl auch in Deutschland derartige Veränderungen im Anlageverhalten stattfanden und noch stattfinden, ist der Zusammenhang, wie von Radecki/Orlow/Wenninger (1996) für die USA geschildert, aufgrund des Universalbankprinzips in Deutschland jedoch so kaum nachvollziehbar.

3.2.2 Bankinterne Ursachen

3.2.2.1 Hohe Kosten und niedrige Profitabilität des traditionellen Filialsystems

Mit insgesamt sechs Nennungen sind die hohen Kosten im traditionellen Filialvertrieb die am zweithäufigsten aufgeführte Ursache für die Installation von In-Store Filialen. Betrachtet man die Kostenstrukturen im Privatkundengeschäft in Deutschland, dann wird klar, warum die befragten Banken dem Kostenfaktor Filialnetz so große Bedeutung beimessen. Wie in Abbildung 20 dargestellt machen die Kosten des Filialnetzes im Schnitt 60 bis 75 Prozent der Gesamtkosten einer Bank im Privatkundengeschäft aus.[129]

Nach Auskunft der interviewten Banken haben die oft aufwendigen Einrichtungen und die räumliche Großzügigkeit vieler Bankzweigstellen gepaart mit den notwendigen Investitionen in die technische Infrastruktur und den steigenden Personalkosten in den letzten Jahren zu einem massiven Kostenschub im Filialsystem geführt.[130]

Neben den Kosten sind natürlich die erwirtschafteten Erträge im Kundengeschäft der zweite Treiber für die Profitabilität des Filialsystems. Aktuelle Berechnungen von Booz-Allen & Hamilton gehen davon aus, daß bei Bereitstellung eines vollständigen Produktangebots mindestens 6.000 Kunden pro Filiale notwendig sind, um die Gewinnschwelle zu erreichen. Die optimale Größe liegt bei etwa 10.000 Kunden pro Zweigstelle.[131] Von derartigen Relationen ist das deutsche Banksystem insgesamt sehr weit entfernt.[132] Mitverantwortlich für die geringe Profitabilität der meisten Filialsysteme ist zudem oft die Kapazitätsver-

---

[129] Vgl. Abbildung 20 und die dort angegebene Quelle. Eine weitere Kostenstrukturanalyse, die auf den hohen Kostenanteil des Filialnetzes abstellt, findet man mit allerdings etwas anderen prozentualen Anteilen bei Leichtfuß (1998, S. 104). Auf das Problem der hohen Fixkosten des Filialnetzes verweist auch Gloystein (1994, S. 148).

[130] Ergebnisse der geführten Interviews.

[131] Vgl. Burgmaier (2000, S. 22).

[132] Ende 1998 kamen in Deutschland auf eine Bankzweigstelle (inklusive Postbank) 1.364 Einwohner. In den USA lag diese Relation bei immerhin 3.511 Einwohner je Zweigstelle. Vgl. hierzu BIS (2000, S. 104).

teilung in den Zweigstellen. Untersuchungen haben ergeben, daß lediglich 18 Prozent der vorhandenen Kapazitäten für die aktive Kundenberatung und damit für mögliche neue Geschäftsabschlüsse verwendet werden. Die restlichen Kapazitäten verteilen sich auf die reine Kundenbedienung (45 Prozent), die Bearbeitung und Verwaltung von Beständen (26 Prozent) und die Erledigung von zentral vorgegebenen Aufgaben (11 Prozent).[133]

Abbildung 20: Typische Kostenstruktur einer Bank im Privatkundengeschäft in Deutschland im Jahr 1999

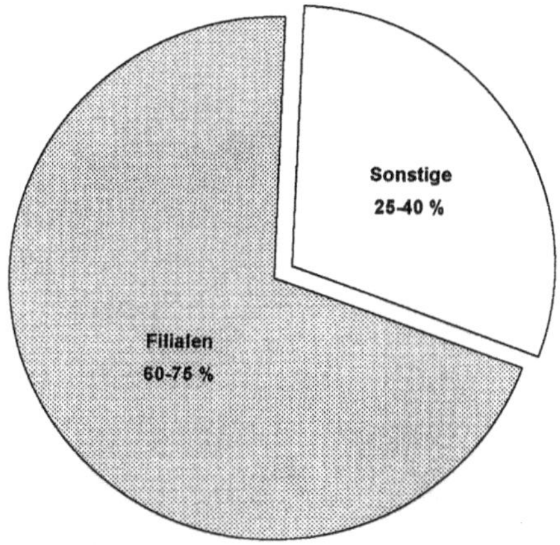

Quelle: In Anlehnung an Burgmaier (2000, S. 22).

Trotz der hohen Kostenbelastung durch den stationären Vertrieb ist es den Banken ohne den Verlust zahlreicher Kunden aber nicht möglich, sich mit den Filialen aus der Fläche zurückzuziehen. In einem Interview mit der Mitarbeiterzeitschrift der Deutschen Bank kam Burkhardt Pauluhn, Bereichsvorstand, 1998 zu der Einschätzung:

---

[133] Vgl. hierzu Betsch (2000).

„Zwei Drittel aller Privatkunden werden in einigen Jahren alle modernen Zugangswege zur Bank nutzen wollen, aber zugleich bei ihrer Filiale bleiben wollen."[134]

In Abbildung 21 ist eine aktuelle Prognose über die Vertriebswegepräferenzen der Privatkunden in Deutschland für das Jahr 2010 dargestellt. Demnach werden rund 50 Prozent der Bankkunden Multi-Kanal-Kunden sein. Etwa 30 Prozent werden reine Direktbankkunden sein und 20 Prozent weiterhin der Filiale treu bleiben.[135]

Abbildung 21: Vertriebskanalpräferenzen der Privatkunden in Deutschland im Jahr 2010

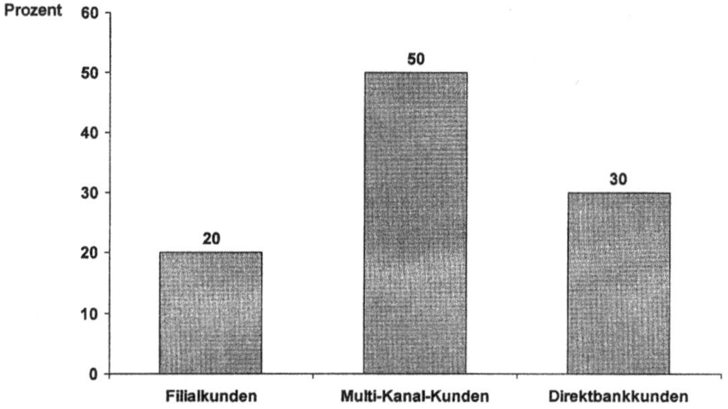

Quelle: Betsch (2000).

Für die Banken bedeutet dies, daß sämtliche Zugangswege angeboten werden müssen, will man konkurrenzfähig bleiben. Mit dieser Feststellung ist aber auch die große Herausforderung für alle Banken, die sich im Privatkundengeschäft betätigen, definiert: Multi-Kanal-Management

[134] Zitiert nach: ‚Eine neue Ära' (1998, S. 15).

[135] Vgl. hierzu auch ‚Freier Weg für freie Kunden...' (1996, S. 5). Dort geht man davon aus, daß im Jahr 2010 etwa 20 Prozent der Kunden reine Filialkunden, 50-60 Prozent Multi-Kanal-Kunden und 20-30 Prozent Direktbankkunden sein werden.

bei möglichst niedrigen Kosten. Die neuen Vertriebswege sollten bei einem funktionierenden Multi-Kanal-Management idealerweise durch Einsparungen bei den traditionellen Vertriebskanälen finanziert werden (siehe Abbildung 22).[136]

Da diese Einsparungen bisher kaum realisiert wurden, stellen die Kostenrelationen des Filialsystems eine zunehmende Belastung für die Banken dar, weil die Investitionen in neue Vertriebswege unbedingt notwendig sind, will man die eigene Wettbewerbsposition nicht gefährden.

Abbildung 22: Entwicklung der Kosten der Bankdienstleistungsvertriebskanäle im Zeitablauf

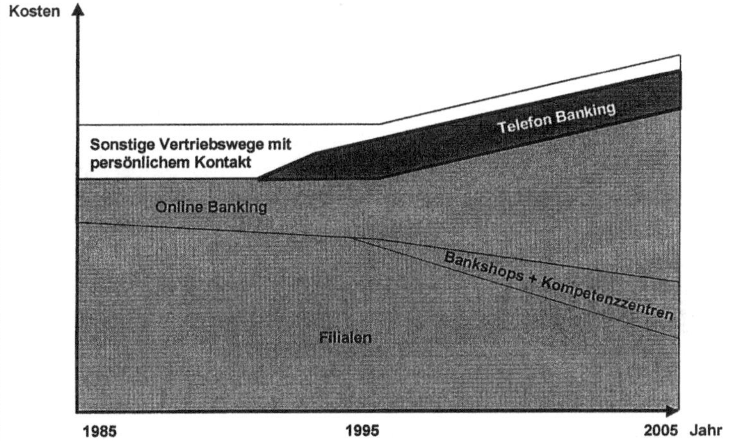

Quelle: Eigene Darstellung in Anlehnung an Betsch (2000); Pauluhn (1997); Walter (1998).

3.2.2.2 Geringer Marktanteil im Privatkundengeschäft

Ein bisher zu geringer Marktanteil im Privatkundengeschäft war für drei Banken eine Ursache für den Aufbau von Bankshops. Betrachtet man die Marktanteile im Privatkundengeschäft in Deutschland anhand von Marktforschungsergebnissen, dann ist es verständlich, daß einige

---

136 Vgl. zu dieser Auffassung Betsch (2000); Pauluhn (1997); Walter (1998).

Banken den zu geringen Marktanteil des eigenen Hauses als eine Ursache für In-Store Banking Aktivitäten anführen. Das Potential an bisherigen Nichtkunden ist im Supermarkt oder SB-Warenhaus für diese Banken enorm groß. Bis auf die Sparkassen, deren kundenbezogener Marktanteil gemessen an den Hauptbankverbindungen[137] im Durchschnitt um die 50 Prozent liegt, und die Volks- und Raiffeisenbanken, deren Marktanteil bei rund 20 Prozent liegt, haben alle anderen Banken im Privatkundengeschäft relativ geringe Marktanteile. So kommt die Deutsche Bank auf einen Marktanteil von rund sechs Prozent, die Postbank auf ca. vier Prozent, die Dresdner Bank, die Commerzbank und die Hypovereinsbank auf etwa drei Prozent und die Citibank auf rund zwei Prozent. Alle anderen Anbieter bewegen sich im Bereich unter zwei Prozent.[138]

3.2.2.3 Kopie eines erfolgreichen Modells

Eine Bank gab an, daß sie Bankshops unter anderem auch deshalb installiert hat, weil es andere Banken getan haben und damit scheinbar erfolgreich sind. Im Laufe des Interviews wurde diese Aussage jedoch dahingehend weiter präzisiert, daß die Bank mit Interesse die Erfahrungen anderer Banken mit dem In-Store Vertriebsweg beobachtet hat, da einige der eigenen Zweigstellen zum Teil nur sehr schwach von den Kunden frequentiert werden. Aufgrund dieser weitergehenden Ausführungen kann man davon ausgehen, daß die eigentliche Ursache für die Installation der In-Store Filialen in der geringen Kontakthäufigkeit in den traditionellen Filialen liegt.[139]

3.2.3 Zusammenfassung der Ursachen

Die weiteren Erläuterungen zu den einzelnen Ursachen des ISB haben gezeigt, daß sich drei der zunächst von den befragten Banken genannten Punkte, die erfolgte Ansprache durch den Handel, die Kopie

---

[137] Hauptbankverbindung verstanden als die Bank, mit der die Kunden am intensivsten zusammenarbeiten.

[138] Vgl. zu Marktanteilswerten ADDB/Capital/psychonomics™ (1998, S. 146-147); *Das Deutsche Kundenbarometer* (1998, S. 4-5); Grebe/Kreuzer (1997, S. 40-42); Michalk/Dilling (1998, S. 80); Spiegel-Verlag/manager magazin (2000, S. 49).

[139] Vgl. hierzu die Ausführungen in den Abschnitten 3.2.1.3 und 3.2.1.4.

eines erfolgreichen Modells und die abnehmende Kontaktfrequenz in den traditionellen Filialen aufgrund eines veränderten Anlageverhaltens der privaten Haushalte, bei genauerer Betrachtung und Hinterfragung unter andere Ursachen subsumieren lassen.

Die Interviewergebnisse lassen sich zu den drei bankexternen Ursachen:

- Wunsch der Kunden nach Banking & Shopping an einem Ort,
- abnehmende Kontaktfrequenz in den traditionellen Filialen aufgrund der verstärkten Nutzung von SB-Geräten, direkten Zugangswegen und Direktbankangeboten,
- längere Ladenöffnungszeiten nach der Liberalisierung des Ladenschlußgesetzes

und den zwei bankinternen Ursachen:

- hohe Kosten und niedrige Profitabilität im klassischen Filialvertrieb,
- bisher zu geringer Marktanteil im Privatkundengeschäft

für die weiteren Untersuchungen zusammenfassen.

3.3 Mit dem In-Store Banking verfolgte Ziele bei Banken in Deutschland

Im Rahmen der geführten Interviews wurden die Gesprächspartner auch zu den in der jeweiligen Bank mit dem ISB verbundenen Zielstellungen befragt.[140] Mit jeweils acht Nennungen wird die ‚Erfüllung der Kundenerwartungen hinsichtlich bequemer Zugangsmöglichkeiten zu Bankdienstleistungen (Banking & Shopping an einem Ort)' gemeinsam mit dem Ziel der ‚Neukundengewinnung' am häufigsten angeführt. Auffällig ist in diesem Zusammenhang, daß nur drei Banken, den bisher niedrigen Marktanteil als eine Ursache für das ISB angeführt haben, aber insgesamt acht Banken mit diesem Vertriebsweg die Neukundenakquise und damit den Ausbau des Marktanteils als Ziel anstreben.

---

[140] Vgl. zu Zielen des ISB in Deutschland auch Burgmaier (1997, S. 60); Fries (1998, S. 66-68); Grohmann (1998, S. 406-408); Haubrichs (1999, S. 72); Kolarik/Ischebeck (1999, S. 104); Krupp (1996, S. 715); Lucius (1998, S. 960); Rockenfeller (2000, S. 24); Walter (1998). Wie bereits eingangs erwähnt, wird in einzelnen Beiträgen zum Teil auf Erkenntnisse aus den USA zurückgegriffen.

Ein ‚Innovationszeichen setzen' und der ‚aktive Produktverkauf' folgen mit fünf bzw. vier Nennungen in der Rangfolge der Ziele. Anhand der Ursachen, die zur Etablierung des In-Store Banking in den letzten Jahren in Deutschland geführt haben, hätte man vermuten können, daß die Optimierung der Kosten im stationären Vertrieb neben dem aktiven Anbieten von Banking und Shopping an einem Ort eines der primären Ziele des ISB ist. Wie in Tabelle 4 ersichtlich, ist dies aber nicht der Fall. Lediglich drei Banken gaben die ‚Kostenoptimierung im stationären Vertrieb' als ein mit dem ISB verbundenes Ziel an.

Zweimal genannt wurden die Ziele ‚Abschottung des eigenen Marktanteils'[141] und ‚Kundenorientierung demonstrieren, um dadurch die Kundenbindung zu erhöhen'.

Zweimal wurde mit der Installation von In-Store Filialen auch das Ziel verbunden, den eigenen ‚Handelspartner vor Mitwettbewerbern um Standorte für Bankshops abzuschotten'.

Tabelle 4: Ziele, die mit der Installation von In-Store Filialen bei einzelnen Banken in Deutschland verfolgt werden

Bank / Ziel	A	B	C	D	E	F	G	H	I	J
Kundenerwartungen hinsichtlich bequemer Zugangswege erfüllen (Banking & Shopping an einem Ort)	X	X	X	X	X			X	X	X
Neukunden gewinnen	X		X	X	X	X	X	X		X
Aktiver Produktverkauf	X			X	X	X				
Innovationszeichen setzen	X			X				X	X	X
Kosten im stationären Vertrieb optimieren	X					X	X			
Kundenorientierung demonstrieren und damit die Kundenbindung erhöhen	X	X								
Abschottung des eigenen Marktanteils		X							X	
Abschottung des Handelspartners			X							X

Quelle: Ergebnisse der durchgeführten Interviews.

Bevor im nächsten Abschnitt die Erfolgsfaktoren des ISB in Deutschland untersucht werden, erfolgt an dieser Stelle anhand des Verlaufes der Interviews eine kurze Überprüfung der in den einzelnen Gesprächen genannten Ziele hinsichtlich eventueller inhaltlicher Redundanzen.

[141] Hierbei handelt es sich um Banken mit kundenbezogenen Marktanteilen im relevanten Markt (jeweils nach Einschätzung der Bank), die über 60 Prozent liegen.

Zwei Banken nannten als ein Ziel des ISB, daß sie damit Kundenorientierung demonstrieren wollen, um dadurch die Kundenbindung zu erhöhen. Im Verlauf der Gespräche mit beiden Banken zeigte sich, daß im aktiven Angebot der für den Kunden bequemen Zugangsmöglichkeit zu Bankdienstleistungen via Bankshop das mit dem ISB verbundene eigentliche Hauptziel liegt, da durch dieses Angebot die Erwartungen der Kunden an den stationären Bankdienstleistungsvertrieb erfüllt werden. Daß die Banken dadurch ihre Kundenorientierung dokumentieren und man sich davon eine stärkere Kundenbindung erhofft, sind lediglich abgeleitete Nebenziele. Auch das von fünf Banken angeführte Ziel, ein Innovationszeichen setzen zu wollen, stellte sich im Verlauf der Interviews als ein abgeleitetes Nebenziel heraus, da auch hier in der Erfüllung der Kundenerwartungen das eigentliche Hauptziel liegt.

Für die weiteren Betrachtungen lassen sich somit folgende Ziele des In-Store Banking in Deutschland festhalten:

- die Erfüllung der Kundenerwartungen hinsichtlich bequemer Zugangswege zu Bankdienstleistungen (Banking & Shopping an einem Ort),
- die Neukundengewinnung,
- der aktive Produktverkauf,
- die Kostenoptimierung im stationären Vertrieb,
- die Abschottung des eigenen Marktanteils und
- die Abschottung des Handelspartners.

3.4 Erfolgsfaktoren des In-Store Banking in Deutschland

Hinsichtlich der Erfolgsfaktoren[142] des ISB waren sich die befragten Banken in einem Punkt vollständig einig. Alle Banken nannten in den

---

[142] Vgl. zu Erfolgsfaktoren des ISB in Deutschland auch Burgmaier/Jünemann (1996, S. 36); ‚Der Bankshop boomt' (1997, S. 110); ‚Der Bankshop im Vertriebswege-Mix' (1998, S. 84); Fries (1998, S. 66-68); Grohmann (1998, S. 406-408); Haubrichs (1999, S. 71), (2000, S. 34-36); Kolarik/Ischebeck (1999, S. 105, 160-164); Pauluhn (1998, S. 91); Rockenfeller (2000, S. 24); Ruh (1999, S. 40); Thronicker (1997, S. 106); Walter (1998).

Interviews die ‚Mitarbeiter' als den entscheidenden Erfolgsfaktor, der auch gleichzeitig einen Engpaß darstellt,[143] da die Anforderungen an die Bankshopmitarbeiter sehr vielfältig sind. Der ideale Mitarbeiter im Bankshop sollte über gut ausgebildete kommunikative und verkaufstechnische Fähigkeiten verfügen, Freude am Verkauf haben, sich durch eine ausgeprägte Abschlußorientierung auszeichnen, ein hohes Maß an Selbstmotivation besitzen, belastbar in Streßsituationen sein, Kreativität beim Auffinden von Verkaufsideen zeigen, ein Teamplayer sein und sich mit der Bankshopidee identifizieren.[144]

Mit insgesamt acht Nennungen folgen in der Rangliste der Erfolgsfaktoren ‚Standort / Design / Prozesse' der In-Store Filiale. Der Bankshop sollte sich nach Meinung der Interviewpartner möglichst in der Nähe der Kassen oder des Ausgangs befinden, sich durch eine offene und einladende Gestaltung auszeichnen, die in das Handelsumfeld eingepaßt ist, und fast vollständig von Abwicklungsprozessen befreit sein.[145]

Die ‚Kundenströme und der Marktanteil des Handelspartners' sind mit sieben Nennungen auch ein sehr häufig angeführter Erfolgsfaktor. Der Marktanteil des Handelspartners sollte so hoch sein, daß mindestens 2.000 Kunden pro Tag den Einzelhandel besuchen. Die ideale Größenordnung liegt bei etwa 3.000 Kunden pro Tag (siehe Tabelle 10 im Anhang).[146]

Ein ‚an den Handel angepaßtes Marketing' wurde dreimal als Erfolgsfaktor genannt. Die ‚positive Einstellung des Top-Managements zum Bankshop' und die ‚aktive Kundenansprache durch die Mitarbeiter' wurden zweimal als Erfolgsfaktor angeführt. Die ‚aktive Kundenansprache durch die Mitarbeiter' wurde in beiden Fällen auf die Frage nach

---

[143] Vgl. ‚Keine Banker für den Bankshop' (2000).

[144] Vgl. zu den geforderten Mitarbeitereigenschaften auch Fries (1998, S. 68); Kolarik/Ischebeck (1999, S. 160-161); Rockenfeller (2000, S. 24-25); Ruh (1999, S. 39-40).

[145] Vgl. hierzu auch ‚Der Bankshop im Vertriebswege-Mix' (1998, S. 84-85); Fries (1998, S. 67-68); Kolarik/Ischebeck (1999, S. 104-105); Leitermann (1998, S. 624).

[146] Vgl. zu Angaben über notwendige Kundenzahlen auch ‚Der Bankshop im Vertriebswege-Mix' (1998, S. 84); Fries (1998, S. 67); Haubrichs (1999, S. 71); Leitermann (1998, S. 623).

den Erfolgsfaktoren zunächst getrennt vom Erfolgsfaktor ‚Mitarbeiter' genannt, jedoch machten die weiteren Erläuterungen klar, daß es sich hierbei lediglich um eine Beschreibung der notwendigen Mitarbeitereigenschaften und –qualifikationen handelte, so daß der eigentliche Erfolgsfaktor in beiden Fällen die ‚Mitarbeiter' waren. Alle anderen Erfolgsfaktoren wie das ‚Verhältnis zum Handelspartner', eine ‚einfache und begrenzte Produktpalette', die ‚Auslagerung von Back-Office Tätigkeiten', das ‚Image der Bank' und die ‚Öffnungszeiten des Bankshops' wurden jeweils nur einmal genannt.

Tabelle 5: Erfolgsfaktoren für das Betreiben von In-Store Filialen bei einzelnen Banken in Deutschland

Erfolgsfaktor / Bank	A	B	C	D	E	F	G	H	I	J
Mitarbeiter	X	X	X	X	X	X	X	X	X	X
Standort / Design / Prozesse	X		X		X	X	X	X	X	X
Kundenströme und Marktanteil des Handelspartners		X	X	X		X	X	X		X
Marketing an den Handel angepaßt		X				X			X	
Aktive Kundenansprache durch die Mitarbeiter	X		X							
Positive Einstellung im Top-Management		X								X
Verhältnis zum Handelspartner				X						
Einfache und begrenzte Produktpalette					X					
Image der Bank								X		
Auslagerung von Back-Office Tätigkeiten						X				
Öffnungszeiten					X					

Quelle: Ergebnisse der durchgeführten Interviews.

Ähnlich wie bei den Zielen des ISB erfolgt an dieser Stelle anhand der Gesprächsverläufe eine kurze Überprüfung der einzelnen von den Interviewpartnern angeführten Erfolgsfaktoren hinsichtlich möglicher inhaltlicher Redundanzen.

Wie bereits oben erwähnt, lassen sich der von zwei Banken genannte Erfolgsfaktor ‚aktive Kundenansprache durch die Mitarbeiter' und der Erfolgsfaktor ‚Mitarbeiter' ohne Bedeutungsverlust unter dem alleinigen Punkt ‚Mitarbeiter' zusammenfassen.

Die ‚Auslagerung von Back-Office Tätigkeiten' läßt sich unter den Punkt ‚Standort / Design / Prozesse' subsumieren, da hiermit eindeutig die Prozeßgestaltung in der In-Store Filiale gemeint ist. Ähnlich verhält es sich mit der ‚einfachen und begrenzten Produktpalette'. Die weiteren Ausführungen des Gesprächspartners zu diesem Punkt zielten in die

Richtung einfache Bearbeitung und Zeit für den Verkauf schaffen. Auch hier sind eigentlich die Prozesse im Bankshop gemeint und die Produktpalette ist nur das Vehikel zur Optimierung selbiger.

Für die weitere Analyse verbleiben somit folgende Erfolgsfaktoren des In-Store Banking in Deutschland:

- Mitarbeiter,
- Standort / Design / Prozesse der In-Store Filialen,
- Kundenströme und Marktanteil des Handelspartners,
- ein an den Handel angepaßtes Marketing,
- positive Einstellung des Top-Managements,
- Verhältnis zum Handelspartner,
- Image der Bank und
- Öffnungszeiten.

4 Vergleich der Ursachen, Ziele und Erfolgsfaktoren des In-Store Banking in Deutschland und den USA

4.1 Vergleich der Ursachen

Da es Ziel dieser Arbeit ist, die Möglichkeit der Übertragung des In-Store Banking aus den USA nach Deutschland zu untersuchen, wird im Zuge des Vergleichs überprüft, ob sich die einzelnen für die USA herausgearbeiteten Ursache, Ziele und Erfolgsfaktoren in den von den deutschen Banken angeführten Punkten wiederfinden lassen.

Auf der Seite der bankexternen Ursachen ist die Vergleichbarkeit bei drei der vier Ursachen gegeben. Sowohl in den USA als auch in Deutschland gibt es bei vielen Kunden Veränderungen in den Ansprüchen an den Bankdienstleistungsvertrieb. Zahlreiche Kunden haben den Wunsch nach bequemen Zugangsmöglichkeiten zu Bankdienstleistungen und wollen eine Verbindung von Banking und Shopping an einem Ort. Gleichzeitig nutzen immer mehr Kunden in beiden Ländern SB-Geräte und direkte Zugangsmöglichkeiten. Veränderungen im Anlageverhalten der privaten Haushalte sind wie in den USA auch in Deutschland feststellbar, auch wenn die damit verbundenen Konsequenzen von einzelnen deutschen Banken etwas anders gesehen werden.[147]

Die vierte Ursache für die Entstehung des ISB in den USA, die Deregulierungen im Bankwesen, die zu einer maßgeblichen Veränderung des Wettbewerbsumfeldes führten, ist für Deutschland nicht festzustellen. Obwohl die verlängerten Ladenöffnungszeiten auch eine Deregulierung darstellen, so ist das Ausmaß dieser Veränderung jedoch bei weitem nicht mit den Konsequenzen der geänderten Bankgesetzgebung in den USA vergleichbar. Damit bleibt festzuhalten, daß bei den bankexternen Ursachen die Vergleichbarkeit nicht vollständig gegeben ist.

Auf der Seite der bankinternen Ursachen verhält es sich ähnlich. Auch hier ist die Vergleichbarkeit bei den Punkten Kosten- und Profitabilitätssituation im klassischen Filialvertrieb und wachsende Kosten des Bankdienstleistungsvertriebs gegeben, aber die Notwendigkeit der strategischen Positionierung in einem sich nachhaltig

---

[147] Vgl. hierzu die Bemerkungen im Abschnitt 3.2.1.4.

verändernden Wettbewerbsumfeld wird von den interviewten Banken in Deutschland nicht als Ursache des In-Store Banking angesehen.

Zusammenfassend läßt sich demzufolge die Aussage formulieren:

Nicht alle Ursachen, die zur Entstehung des In-Store Banking in den USA geführt haben, sind mit den Ursachen des ISB in Deutschland vergleichbar.

Tabelle 6: Zusammenfassende Darstellung der Ursachen des ISB in den USA und in Deutschland

Ursachen des ISB in den USA	**Ursachen des ISB in Deutschland**
Bankextern	Bankextern
Wachsende Ansprüche der Kunden an den Bankdienstleistungsvertrieb insgesamt	Der Wunsch der Kunden nach Banking & Shopping an einem Ort
Gestiegene Akzeptanz und Nutzung neuer Bankdienstleistungsvertriebswege	Die abnehmende Kontaktfrequenz in den traditionellen Filialen aufgrund der verstärkten Nutzung von SB-Geräten, direkten Zugangswegen und Direktbankangeboten
Sich veränderndes Kundenverhalten hinsichtlich der Aufteilung des privaten Geldvermögens	Längere Ladenöffnungszeiten nach der Liberalisierung des Ladenschlußgesetzes
Deregulierungen im Bankwesen, die zu einer Veränderung des Wettbewerbsumfeldes führten	
Bankintern	Bankintern
Die im Vergleich zu anderen Vertriebswegen verschlechterte Kosten- und Ertragsposition der traditionellen Bankfiliale	Hohe Kosten und niedrige Profitabilität im klassischen Filialvertrieb
Die Notwendigkeit der strategischen Positionierung in einem sich verändernden Wettbewerb	Bisher zu geringer Marktanteil im Privatkundengeschäft
Permanent wachsende Kosten des Bankdienstleistungsvertriebes	

4.2 Vergleich der Ziele

Betrachtet man die in Tabelle 7 zusammengefaßten Ziele des ISB in Deutschland und in den USA dann ist auffallend, daß sich hier schon bei den Begrifflichkeiten große Ähnlichkeiten ergeben.

Die Erfüllung der Kundenerwartungen hinsichtlich bequemer, stationärer Zugangswege zu Bankdienstleistungen ist sowohl in den USA als auch in Deutschland ein Ziel des ISB. Was in den USA mit Ausbau der Marktstellung beschrieben wurde, nannten die interviewten Banken in Deutschland Neukundengewinnung. Gemeint ist in beiden Fällen der Ausbau der kundenbezogenen Marktanteile. Auch die Erhöhung der Verkaufsorientierung im Vertrieb findet sich bei den deutschen Banken als aktiver Produktverkauf wieder. Die Kostensenkung im stationären Vertrieb ist aufgrund der günstigen Kostenstrukturen der In-Store Filialen ein Ziel in beiden Ländern, genauso wie die Abschottung der eigenen Marktstellung mit diesem Vertriebsweg verfolgt wird.

Zusammenfassend läßt sich die Aussage formulieren:

Alle Ziele, die mit dem In-Store Banking in den USA verfolgt werden, sind mit den Zielen, die in Deutschland mit dem ISB verfolgt werden, vergleichbar.

Tabelle 7: Zusammenfassende Darstellung der Ziele des ISB in den USA und in Deutschland

Ziele des ISB in den USA	Ziele des ISB in Deutschland
Erfüllung der Kundenerwartungen	Erfüllung der Kundenerwartungen hinsichtlich bequemer Zugangswege (Banking & Shopping an einem Ort)
Ausbau der Marktstellung	Neukunden gewinnen
Erhöhung der Verkaufsorientierung im Vertrieb	Aktiver Produktverkauf
Kostensenkung im stationären Vertrieb	Kosten im stationären Vertrieb optimieren
Absicherung der Marktstellung	Abschottung des eigenen Marktanteils
	Abschottung des Handelspartners

4.3 Vergleich der Erfolgsfaktoren des ISB in den USA und Deutschland

Basierend auf den Ergebnissen der Abschnitte 2.4 und 3.4 erfolgt in diesem Abschnitt der Vergleich der herausgearbeiteten Erfolgsfaktoren des ISB in den USA und in Deutschland. Wie bereits bei den Ursachen und Zielen wird in diesem Zusammenhang jeder Erfolgsfaktor des ISB in den USA dahingehend betrachtet, ob er sich in einem oder mehreren von den deutschen Banken genannten Erfolgsfaktoren wiederfinden läßt.

Sowohl in den USA als auch in Deutschland sind die Mitarbeiter ein von den Banken als maßgeblich angesehener Erfolgsfaktor des ISB. Die Beschreibung der notwendigen Fähigkeiten und Qualifikationen der Bankshopmitarbeiter ist nahezu identisch.[148]

Gleiches wie für die Mitarbeiter gilt auch für Standort / Design und Prozesse der In-Store Filialen. Ein gut sichtbarer und von möglichst allen Kunden des Einzelhandels zu frequentierender Standort des Bankshops (möglichst in der Nähe des Ein-/Ausgangs oder der Kassen), ein offenes und den Verkauf unterstützendes Design sowie effiziente Prozesse, die durch den Einsatz von SB-Technik unterstützt werden, sind Punkte, die von Banken in beiden Ländern in diesem Zusammenhang angeführt werden.

Die Kundenströme und der Marktanteil des Handelspartners sind der dritte Punkt, bei dem eine Vergleichbarkeit offensichtlich ist, da er in beiden Ländern mehrfach von den Banken als Erfolgsfaktor genannt wurde. Zwischen 15.000 und 20.000 Kunden sollten nach übereinstimmender Einschätzung der Banken in den USA und in Deutschland den Handelspartner pro Woche aufsuchen.

Schwieriger stellt sich der Vergleich für die in den USA angeführten Erfolgsfaktoren Marktmacht des Handelspartners und Verankerung des ISB in der Vertriebswegestrategie und im Organigramm der Bank dar. Die Marktmacht des Handelspartners wurde nur von einer Bank in Deutschland mit der Umschreibung Verhältnis zum Handelspartner angesprochen, wobei hier mehr die Einräumung von Freiräumen für eigene Kundenaktionen gemeint war. Hingegen wurde die Verankerung des ISB in der Vertriebswegestrategie und im Organigramm von keiner

[148] Vgl. hierzu die Ausführungen in den Abschnitten 2.4.1 und 3.4.

Bank in Deutschland als Erfolgsfaktor genannt. Lediglich die positive Einstellung des Top-Managements wurde von zwei Banken in Deutschland als Erfolgsfaktor erwähnt, wobei die Gesprächspartner in beiden Fällen nur von der ‚Rückendeckung für die Bankshops durch den Vorstand' sprachen.

Warum die Verankerung des ISB in der Vertriebswegestrategie und im Organigramm der Bank von den befragten Banken, die immerhin über 70 Prozent aller In-Store Filialen in Deutschland betreiben, nicht als Erfolgsfaktoren angesehen wird, darüber lassen sich an dieser Stelle nur Vermutungen anstellen. Ein Grund könnte der Pilotcharakter sein, den die meisten In-Store Filialen in Deutschland noch immer haben. Dies wäre ein Erklärungskandidat dafür, daß man seitens der Banken eine Verankerung in der Vertriebswegestrategie und im Organigramm noch nicht vornehmen will und deshalb auch keinen Erfolgsfaktor darin sieht.

Verbindet man das von etlichen Banken genannte Ziel ein Innovationszeichen setzen zu wollen, mit dem Pilotcharakter des ISB und der begrenzten Anzahl potentieller Standorte für Bankshops in Deutschland, dann könnte darin die Erklärung liegen, warum die Marktmacht des Handelspartners bisher keine Rolle in den Überlegungen der Banken spielt.[149] Wenn nur wenige Standorte überhaupt für ISB geeignet sind und man als Bank relativ schnell diesen neuen Vertriebsweg pilotieren möchte, dann könnte das Augenmerk der Banken mehr auf der an einzelnen Standorten erreichbaren Kundenzahl liegen und damit die Marktmacht des Handelspartners in den Hintergrund rücken lassen.

Zusammenfassend kann man zu den Erfolgsfaktoren des ISB feststellen, daß nur einige der für die USA herausgearbeiteten Erfolgsfaktoren mit den von deutschen Banken genannten Erfolgsfaktoren vergleichbar sind. Die Aussage über das vorliegen der Randbedingungen in bezug auf die Erfolgsfaktoren lautet daher:

---

[149] Verschiedene Quellen gehen davon aus, daß es nur zwischen 600 und 1000 mögliche Standorte für Bankshops in Deutschland gibt, die auf die notwendige Kundenzahl von 15.000 bis 20.000 Kunden pro Woche kommen. Vgl. Burgmaier (1997, S. 62); ‚Der Bankshop boomt' (1997, S. 110); Grohmann (1998, S. 407); Haubrichs (1999, S. 71).

Nicht alle Erfolgsfaktoren des In-Store Banking in den USA sind mit den Erfolgsfaktoren des In-Store Banking in Deutschland vergleichbar.

Tabelle 8: Zusammenfassende Darstellung der Erfolgsfaktoren des ISB in den USA und in Deutschland

Erfolgsfaktoren des ISB in den USA	Erfolgsfaktoren des ISB in Deutschland
Mitarbeiter	Mitarbeiter
Standort / Design / Prozesse der In-Store Filialen	Standort / Design / Prozesse der In-Store Filialen
Kundenströme und Marktmacht des Handelspartners	Kundenfrequenz des Handelspartners, Verhältnis zum Handelspartner
Verankerung des ISB in der Vertriebswegestrategie und im Organigramm der Bank	Positive Einstellung im Top-Management
	Marketing an den Handel angepaßt
	Image der Bank
	Öffnungszeiten

5 Fazit

5.1 Prognose bezüglich der Übertragbarkeit des ISB auf deutsche Kreditinstitute

Basierend auf der im Abschnitt 1.3 vorgestellten Methodologie und mit Hilfe der in den vorhergehenden Abschnitten erarbeiteten Aussagen läßt sich nun die Prognose hinsichtlich der Übertragbarkeit des US-amerikanischen In-Store Banking Konzeptes auf deutsche Banken ableiten.

Da sowohl die nomologischen Hypothesen als auch die deskriptiven Aussagen über die Randbedingungen an dieser Stelle bekannt sind, können alle notwendigen Bestandteile des Explanans als gegeben betrachtet werden, womit die Voraussetzungen für die Ableitung der gesuchten Prognose vorliegen (siehe Abbildung 23).

Die in der nomologischen Hypothese H 4 postulierte Vergleichbarkeit aller Ursachen, Ziele und Erfolgsfaktoren des In-Store Banking liegt, wie den Aussagen A1 – A3 in Abbildung 23 entnommen werden kann, nur für die Ziele des In-Store Banking vor. Die Prognose hinsichtlich der Übertragbarkeit des US-amerikanischen In-Store Banking Konzeptes auf deutsche Kreditinstitute lautet daher:

- Das US-amerikanische In-Store Banking Konzept ist nicht vollständig auf deutsche Kreditinstitute übertragbar.
- Es existiert die Möglichkeit der Übertragung einzelner Bestandteile des US-amerikanischen In-Store Banking Konzeptes auf deutsche Kreditinstitute (siehe Abbildung 23).

Es stellt sich nun die Frage, welche Bestandteile des Konzeptes unter welchen Bedingungen auf Deutschland übertragbar sein könnten. Im nachfolgenden Abschnitt wird dieser Frage sowohl anhand von Erfahrungswerten deutscher Banken mit dem In-Store Vertriebsweg als auch mit Hilfe marketingtheoretischer Überlegungen nachgegangen.

Abbildung 23: Struktur und Komponenten der Prognose zur Übertragbarkeit des US-amerikanischen In-Store Banking Konzeptes auf deutsche Banken

Explanans:

1. Nomologische Hypothesen:

H 1: Wenn alle Ursachen, die zur Entstehung des In-Store Banking in den USA geführt haben, vergleichbar mit den Ursachen des ISB in Deutschland sind, dann besteht die Möglichkeit der Übertragung einzelner Bestandteile des US-amerikanischen In-Store Banking Konzeptes auf deutsche Kreditinstitute.

H 2: Wenn alle Ziele der Kreditinstitute, die mit dem In-Store Banking in den USA verfolgt werden, vergleichbar mit den Zielen des ISB in Deutschland sind, dann besteht die Möglichkeit der Übertragung einzelner Bestandteile des US-amerikanischen In-Store Banking Konzeptes auf deutsche Kreditinstitute.

H 3: Wenn alle Erfolgsfaktoren des In-Store Banking in den USA vergleichbar mit den Erfolgsfaktoren des In-Store Banking in Deutschland sind, dann besteht die Möglichkeit der Übertragung einzelner Bestandteile des US-amerikanischen In-Store Banking Konzeptes auf deutsche Kreditinstitute.

H 4: Wenn alle Ursachen und alle Ziele und alle Erfolgsfaktoren des In-Store Banking in den USA vergleichbar mit den Ursachen und den Zielen und den Erfolgsfaktoren des ISB in Deutschland sind, dann ist das US-amerikanische In-Store Banking Konzept vollständig auf deutsche Kreditinstitute übertragbar.

2. Deskriptive Aussagen über die Randbedingungen

A 1: Nicht alle Ursachen, die zur Entstehung des In-Store Banking in den USA geführt haben, sind mit den Ursachen des ISB in Deutschland vergleichbar.

A 2: Alle Ziele, die mit dem In-Store Banking in den USA verfolgt werden, sind mit den Zielen, die in Deutschland mit dem In-Store Banking verfolgt werden, vergleichbar.

A 3: Nicht alle Erfolgsfaktoren des In-Store Banking in den USA sind mit den Erfolgsfaktoren des In-Store Banking in Deutschland vergleichbar.

Explanandum:

Das US-amerikanische In-Store Banking Konzept ist nicht vollständig auf deutsche Kreditinstitute übertragbar.

Es existiert die Möglichkeit der Übertragung einzelner Bestandteile des US-amerikanischen In-Store Banking Konzeptes auf deutsche Kreditinstitute.

5.2 *Erfahrungen deutscher Banken mit dem In-Store Banking und Möglichkeiten für die teilweise Übertragung des US-amerikanischen In-Store-Banking-Konzeptes*

5.2.1 Erfahrungswerte zum Einsatz von In-Store Filialen aus der Bankpraxis

Wie bereits bei der Diskussion der Ursachen angemerkt wurde, ist das In-Store Banking in den Vereinigten Staaten eine Begleiterscheinung des stattfindenden Restrukturierungsprozesses im Retail Banking. Dieser Prozeß ist wiederum maßgeblich durch Deregulierungen in der Bankgesetzgebung ausgelöst worden, wodurch sich das gesamte Wettbewerbsumfeld nachhaltig verändert hat. Für Deutschland konnte ein von den Auswirkungen vergleichbarer externer Impuls bisher nicht festgestellt werden.

Die Verlängerung der Ladenöffnungszeiten im Jahr 1996 stellt zwar eine Änderung des regulatorischen Rahmens dar, aber die Auswirkungen auf das Retail Banking Geschäft waren eher gering. Es ist wahrscheinlich, daß ohne eine dauerhafte Veränderung der Wettbewerbsbedingungen im Retail Banking der In-Store Vertriebsweg in Deutschland mittelfristig bei weitem nicht die Bedeutung wie in den USA erreichen wird. Gestützt wird diese Annahme sowohl durch die Ergebnisse der Interviews als auch durch erste Erfahrungsberichte deutscher Banken mit diesem Vertriebsweg.

Für die Zukunft rechnen die befragten Banken zwar mit einem weiteren Anstieg der Anzahl der In-Store Filialen in Deutschland, aber zur Zeit haben nur vier der befragten Banken weitere Ausbauabsichten für die nächsten Jahre bekundet, wobei es sich jeweils um maximal ein bis drei weitere Bankshops handelt. Alle anderen befragten Banken wollen zunächst abwarten, wie sich die bisher installierten In-Store Filialen entwickeln (siehe Tabelle 9).

Gespräche mit weiteren Banken, die über ein größeres deutschlandweites Zweigstellennetz verfügen und bisher nicht oder kaum mit In-Store Filialen in Erscheinung traten, zeigen, daß man in diesen Häusern dem In-Store Vertriebsweg auch weiterhin skeptisch gegenübersteht. Weder die Citibank, noch die BfG Bank oder die Dresdner Bank planen zur Zeit die Eröffnung von In-Store Filialen. Im Falle der BfG Bank gab es 1996/97 ein Projekt zu diesem Thema, aber eine Umsetzung erfolgte nicht und ist auch nicht geplant.[150] Die Citibank hatte 1997/98, nicht zuletzt motiviert durch die Ergebnisse einer in Auftrag gegebenen Umfrage,[151] Pilotprojekte, die allerdings zeigten, daß die Bankshops fast ausschließlich für den Zahlungsverkehr von den Kunden genutzt wurden und plant daher keine weiteren Schritte.[152] Bei der Dresdner Bank ist auch keine Nutzung des In-Store Vertriebsweges geplant, da dieser Vertriebsweg nach Einschätzung der Bank nicht zum Image der ‚Beraterbank' paßt.[153]

Tabelle 9: Schätzungen zur Anzahl der In-Store Filialen in Deutschland im Jahr 2005 und weitere In-Store Banking Ausbaupläne einzelner Banken

Bank	A	B	C	D	E	F	G	H	I	J
Weitere Ausbaupläne	Nein	k. A.	Ja	Ja	Nein	Ja	Nein	Nein	Nein	Ja
In-Store Filialen • in Prozent aller Zweigstellen in Deutschland im Jahr 2005 oder • absolute Zahl im Jahr 2005	10%	k. A.	300	k. A.	k. A.	10%	3-5%	1%	400	200 - 300

Quelle: Ergebnisse der geführten Interviews.

Zu ähnlichen Ergebnissen wie die oben angeführten Pilotprojekte der Citibank kam auch die Hypovereinsbank, die von ehemals elf In-Store Filialen zur Zeit nur noch fünf unterhält.[154] Obwohl bei der Commerzbank nach eigenen Angaben inzwischen vier der insgesamt 28 Bankshops schwarze Zahlen schreiben,[155] zeigen auch hier die Ergebnisse einer

---

150 Quelle: Interview Kuhn.

151 Vgl. Citibank (1997a, 1997b)

152 Quelle: Interview Dold.

153 Quelle: Interview Temme.

154 Quelle: Interview Christensen.

155 Quelle: Interview Morelli.

repräsentativen Kundenbefragung über die Produktnutzung in den Bankshops aus dem Jahr 1999, daß diese insgesamt deutlich unter der in den traditionellen Filialen liegt (siehe Abbildung 24). Lediglich bei den zu Sonderkonditionen angebotenen Sparprodukten erreichen die Bankshops eine höhere Nutzungsrate als die herkömmlichen Filialen. Alle anderen Produkte liegen in der Nutzung deutlich unter den Quoten in den traditionellen Filialen. Dies führt im Ergebnis dazu, daß die Bankshops auch bei der Anzahl der von den Kunden genutzten Produkte nur 56 Prozent des Wertes der traditionellen Filialen erreichen.[156]

Obwohl von zahlreichen Banken als Ursache des ISB angeführt, läßt sich anhand der beschriebenen Erfahrungswerte der Citibank, der Hypovereinsbank und der Commerzbank sowie mit Hilfe der Interviewergebnisse mit relativer Sicherheit schlußfolgern, daß der Kundenwunsch nach Banking & Shopping an einem Ort bei der Mehrheit der deutschen Bankkunden sehr stark auf die Abwicklung des Zahlungsverkehrs und auf einzelne, zum Teil mit Sonderkonditionen unterstützte Produktaktionen fokussiert ist.[157] Die meisten Produkte werden hierbei in den Abendstunden nach 16.00 Uhr und an Samstagen verkauft.

Nur vereinzelt nutzen Kunden den Bankshop als Ort für die Abwicklung aller Bankgeschäfte. Im Falle der Commerzbank führt dies beispielsweise dazu, daß sich das Verhältnis von Haupt- und Nebenbankkunden in den Bankshops im Vergleich zu den traditionellen Filialen nahezu umkehrt. Der überwiegende Teil der Bankshop-Kunden unterhält lediglich eine Nebenbankverbindung zur Commerzbank.[158]

Angesprochen auf die Akzeptanz des In-Store Banking bei den Kunden sagte ein Gesprächspartner im Rahmen des Interviews, daß sich bei ihm zunehmend die Ansicht verstärke, die Kunden in Deutschland sind noch nicht reif für diesen Vertriebsweg. Andere Interviewpartner hoben zwar zunächst in den Gesprächen immer die positive Resonanz der Kunden hervor, mußten aber bei der Frage nach den Produktverkäufen oder Kundenzahlen in den Bankshops zum Teil eingestehen, daß es sehr

---

[156] Vgl. Commerzbank (1999).

[157] Vgl. Bergner/Hellhake (2000, S. 14); Ergebnisse der durchgeführten Interviews.

[158] Vgl. Commerzbank (1999); Interview Morelli.

schwierig ist, die gesteckten Ziele zu erreichen. Die ursprünglichen Annahmen hinsichtlich des Umfangs des Kundenwunsches nach Banking & Shopping an einem Ort, die zum Teil auf den Erfahrungen aus den USA und den im Abschnitt 3.2.1.1 vorgestellten Umfrageergebnissen beruhten, waren, wenn man die Erkenntnisse aus den Interviews und der praktischen Umsetzung in Deutschland heranzieht, deutlich zu positiv.

Abbildung 24: Produktnutzung in den Bankshops der Commerzbank im Jahr 1999 im Vergleich zu den traditionellen Filialen

(Indexiert: traditionelle Filialen = 100 Prozent)

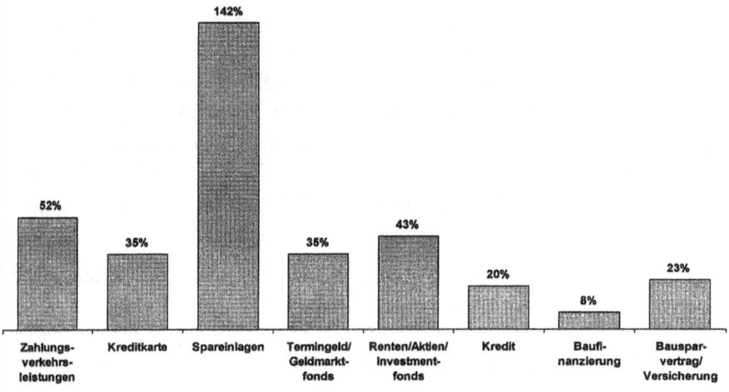

Quelle: Commerzbank (1999).

Den Erfahrungen aus der Praxis folgend, erscheint es unter den derzeitigen Rahmenbedingungen für die Umsetzung des In-Store Banking in Deutschland sinnvoll, lediglich kleine, vorrangig mit SB-Geräten ausgestattete und nur zeitweise mit Mitarbeitern besetzte Mini-Bankshops, ähnlich den im Abschnitt 1.2.3 vorgestellten Mini-Branches™, zu installieren. Diese Mini-Bankshops eignen sich bei einem Teil der Kunden in Deutschland für den aktiven Produktverkauf im Rahmen von Schwerpunktaktionen oder für die Abwicklung von Zahlungsverkehrsleistungen, aber nicht als Standort für die Führung der kompletten Bankverbindung. Sie sollten daher unbedingt mit GAA, KAD, Überweisungsterminal und ggf. Zugang zum Internet-/Onlinebanking ausgestattet sein. Die Mitarbeiterbesetzung ist den Kaufgewohnheiten der Kunden anzupassen, d. h. werktags nach 16.00 Uhr und an Samstagen sollte Personal vorgehalten werden.

Anhand der Erkenntnisse aus der bisherigen Nutzung von Bankshops in der Bankpraxis lassen sich vier Umsetzungsoptionen für Mini-Bankshops in Deutschland skizzieren, die nach aktuellem Kenntnisstand erfolgversprechend sein könnten:

1. Installation von Mini-Bankshops zur Neukundengewinnung,
2. Installation von Mini-Bankshops zum aktiven Produktverkauf,
3. Installation von Mini-Bankshops zur Abschottung des eigenen Marktgebietes,
4. Installation von Bankshops bei gleichzeitiger Zusammenlegung bisheriger Standorte.

Bevor die einzelnen Optionen detaillierter beschrieben werden, wird im nächsten Abschnitt der Frage nachgegangen, welche Entscheidungen im Vorfeld getroffen werden müssen, um die Wahrscheinlichkeit eines erfolgreichen Einsatzes der Bankshops zu erhöhen.

5.2.2 Modell für eine Entscheidungshierarchie bei Nutzung von Bankshops

In der Praxis erweist es sich oft als schwierig, die komplexe Realität auf die für die Entscheidungsfindung notwendigen Faktoren zu reduzieren. Im vorliegenden Abschnitt wird daher der Frage nachgegangen, wie ein Modell, das zwar eine vereinfachte Abbildung der komplexen Realität ist, aber deren relevante Charakteristika enthält,[159] für eine Entscheidungshierarchie[160] bei Nutzung von Bankshops aussehen könnte.

---

[159] Vgl. zum hier verwendeten Modellbegriff Haedrich/Tomczak (1990, S. 145).

[160] Die Idee zur Darstellung einer Entscheidungshierarchie beruht auf den Ausführungen von Haedrich/Tomczak (1990) zum *Analytic Hierarchy Process* (AHP). Vgl. Haedrich/Tomczak (1990, S. 124-131).

Da In-Store Filialen im Rahmen des Bankmarketing-Mix[161] neben den traditionellen Filialen, dem Außendienst und den weiteren bereits in den Abschnitten 2.2.1.3 und 3.2.1.3 diskutierten Vertriebsformen ein mögliches Gestaltungsinstrument der Bankvertriebspolitik darstellen, ist es naheliegend, daß neben den Erfahrungen, die in der Bankpraxis gesammelt wurden, auch bankmarketingtheoretische Überlegungen für die Gestaltung einer Entscheidungshierarchie hilfreich sind. Die passende instrumentelle Rolle der In-Store Filialen, die auf den Bankmarketingzielen und der Bankmarketingstrategie basiert, ist eine entscheidende Voraussetzung für den Umsetzungserfolg.[162] In Anlehnung an die Darstellungen von Büschgen (1995) zu Marketingkonzeptionen[163] werden daher die Ziele, das strategische Bezugsobjekt und die Ausgestaltung der Marketinginstrumente als Entscheidungshierarchieebenen verwendet. Die Entscheidung über die Hierarchisierung, d. h. die Stufung der drei Ebenen zueinander, erfolgt orientiert am Ablauf des Bankmarketing-Management-Prozesses. Zuerst erfolgt die Festlegung der Ziele, dann die Entscheidung über das strategische Bezugsobjekt und abschließend wird die Kombination der einzelnen Marketinginstrumente festgelegt.[164] Die Auswahl der weiteren Entscheidungsparameter wird nachfolgend sowohl anhand der Erkenntnisse aus der Marketingtheorie als auch mit Hilfe der Erfahrungen aus der Bankpraxis vorgenommen.

---

[161] Mit dem Begriff Marketing-Mix wird der kombinierte Einsatz der marktpolitischen Instrumente der Leistungs-, Kommunikations-, Vertriebs- und Preispolitik bezeichnet. Vgl. hierzu Büschgen (1995, S. 127-128); Haedrich/Tomczak (1990, S. 137); Kotler/Bliemel (1992, S. 98); Regli (1988, S. 47-94).

[162] Vgl. zur Wichtigkeit der eindeutigen, instrumentellen Rolle in der Vertriebsstrategie der Gesamtbank auch Bekier/Flur/Singham (2000, S. 79-81).

[163] Die Marketingkonzeption beinhaltet die Marketingziele, die Marketingstrategien und die Marketinginstrumente. Vgl. hierzu Büschgen (1995, S. 95-97); Swoboda (1996, S. 73-76) und auch Kotler/Bliemel (1992, S. 89-115).

[164] Die Vorgehensweise bei der Hierarchisierung orientiert sich an Haedrich/Tomczak (1990, S. 128). Vgl. zu den Phasen des Bankmarketing-Managements Büschgen (1995, S. 22-23); Swoboda (1996, S. 66-67).

5.2.2.1 Ziele

Will man Bankshops erfolgreich betreiben, ist eine klare Festlegung der zu erreichenden Ziele der erste Schritt. Bankmarketingziele lassen sich inhaltlich in ökonomische und psychographische Ziele unterteilen. Ökonomische Ziele sind in der Regel anhand von Markttransaktionen bzw. daraus resultierenden Ergebnissen meßbar. Psychographische Ziele stellen hingegen auf Verhaltens- und Einstellungsänderungen der Kunden ab, um damit indirekt das Erreichen ökonomischer Ziele zu unterstützen.[165]

Wie bereits erwähnt, orientiert sich die Festlegung der im weiteren Verlauf dieser Arbeit verwendeten Zielinhalte und Zielgrößen neben der angeführten Fachliteratur auch an den Erfahrungen aus der Bankpraxis in Deutschland. Nimmt man die von den befragten Banken genannten Ziele des ISB in Deutschland aus Abschnitt 3.3 und unterteilt diese nach ihrem Zielinhalt, so ergibt sich ein mit dem In-Store Banking verfolgtes psychographisches Ziel, die Erfüllung der Kundenerwartungen hinsichtlich bequemer Zugangswege (Banking & Shopping an einem Ort). Anhand der Ausführungen in Abschnitt 3.3 lassen sich als damit verbundene Zielgrößen die Verbesserung der Bankloyalität und die Verstärkung eines kundenfreundlichen, innovativen Images festhalten.

Die weiteren von den Banken genannten Ziele des ISB in Deutschland sind ihrem Inhalt nach ökonomische Ziele. Die Gewinnung von Neukunden, die Abschottung des eigenen Marktanteils und die Abschottung des Handelspartners haben als Zielgrößen den Marktanteil. Zinsbeiträge und/oder Provisionserlöse sind die Zielgrößen, die mit dem aktiven Produktverkauf verfolgt werden. Mit dem ökonomischen Ziel, die Kosten des stationären Vertriebs zu optimieren, ist letztendlich die Zielgröße Kosten des Vertriebsweges verknüpft.

---

[165] Vgl. Büschgen (1995, S. 91-92); Swoboda (1996, S. 72).

Im Rahmen dieser Arbeit wird lediglich auf die Marketingziele abgestellt, da mit der Annahme gearbeitet wird, daß die mögliche Rolle von Bankshops im Rahmen von Marketingstrategien deutscher Banken keine Veränderungen auf der Sachziel- oder Formalzielebene notwendig macht. Vgl. zum Aufbau von Zielsystemen Büschgen (1995, S. 79-91); Haedrich/Tomczak (1990, S. 75-98); Swoboda (1996, S. 70-73); Thiesing (1986, S. 67-80).

Zielgrößen für ökonomische Bankmarketingziele, die sowohl in der Fachliteratur diskutiert werden als auch in der Praxis Anwendung finden und somit für die weiteren Betrachtungen hilfreich erscheinen, sind daher Zinsbeiträge/ Provisionserlöse, Marktanteile und Kosten des Vertriebsweges. Auf Seiten der psychographischen Zielgrößen sind es die Erhöhung des Bekanntheitsgrades, die Steigerung der Bankloyalität[166] und die Verstärkung eines kundenorientierten, innovativen Images.[167]

5.2.2.2 Strategisches Bezugsobjekt

Bankmarketingstrategien, die als das Bindeglied zwischen den Bankmarketingzielen und dem Bankmarketing-Mix angesehen werden können, lassen sich grundsätzlich unterscheiden in Marketingstrategien mit Kundensegmenten als Bezugsobjekt, in Marketingstrategien mit geographischem Bezug und in Marketingstrategien mit dem Leistungsprogramm als Bezugsobjekt.[168]

Für die weiteren Ausführungen werden die segmentbezogenen Strategieoptionen weiter differenziert in Strategien, die sich an alle Kundengruppen gleichermaßen wenden und in auf spezielle Kundengruppen konzentrierte Strategien. Bei Strategien mit geographischem Bezug wird unterschieden in lokale, regionale oder nationale Präsenz. Wird das Leistungsprogramm als Bezugsobjekt gewählt, dann ist die Entscheidung über Breite und Tiefe des Leistungsprogramms zu treffen, wobei die Spanne im Rahmen dieser Arbeit vom begrenzten Leistungsprogramm (Produktspezialist) bis zum kompletten Leistungsprogramm (Allfinanzanbieter) reicht.[169]

---

[166] Unter Bankloyalität wird die Bereitschaft eines Wirtschaftssubjektes verstanden, dauerhaft die Leistungen eines bestimmten Kreditinstituts nachzufragen. Vgl. Süchting (1998, S. 3).

[167] Vgl. zu Bankmarketingzielen allgemein Büschgen (1995, S. 91-92); Süchting (1998, S. 3); Thiesing (1986, S. 81-94).

[168] Vgl. hierzu Büschgen (1995, S. 96); Schierenbeck (1994, S. 410); Swoboda (1996, S. 76).

[169] Vgl. hierzu auch Büschgen (1995, S. 95-117); Schierenbeck (1994, S. 410-415); Swoboda (1996, S. 77-81).

5.2.2.3 Marketinginstrumente

Auf der Instrumentalebene werden im Bankmarketing die Leistungspolitik, die Preispolitik, die Vertriebspolitik und die Kommunikationspolitik unterschieden. Die hier vorgenommene Auswahl der Gestaltungsalternativen in jedem der vier Politikfelder des Bankmarketing orientiert sich sehr stark an den Erfahrungen aus der Bankpraxis, die im Rahmen der Interviews unter dem Punkt ‚Erfolgsfaktoren' diskutiert wurden und weniger an Darstellungen in der Marketingliteratur. Auf eine umfassende Diskussion sämtlicher Instrumente wird an dieser Stelle daher verzichtet.[170] Die Gestaltungsmöglichkeiten der Leistungspolitik werden im Rahmen dieser Arbeit unterteilt in standardisierte, beratungslose Transaktionsleistungen, in Beratungsleistungen und in bankfremde Leistungen. Innerhalb der Preispolitik erfolgt eine Unterteilung in die zwei Gestaltungsalternativen Angebot mit Preisdifferenzierung und ohne Preisdifferenzierung. Wo die Verantwortung für die Kundenverbindung liegt, ist das im Rahmen dieser Arbeit verwendete Gestaltungsmerkmal für die Vertriebspolitik, so daß für die weiteren Betrachtungen untergliedert wird in die Optionen Bankshop mit Kundenverantwortung und Bankshop ohne Kundenverantwortung. Die Palette der hier betrachteten kommunikationspolitischen Instrumente setzt sich zusammen aus der Werbung, der Verkaufsförderung und der Öffentlichkeitsarbeit.

Führt man die bisherigen Ausführungen zu Zielen, strategischem Bezugsobjekten und Marketinginstrumenten zusammen, dann erhält man, wie in Abbildung 25 dargestellt, das Modell einer Entscheidungshierarchie bei Nutzung von Bankshops. Insbesondere auf der Ebene der Marketinginstrumente gibt es mit Sicherheit ein viel komplexeres Entscheidungsspektrum als hier modellhaft aufgezeigt. Die Diskussionen mit den deutschen Banken, die sich bisher im In-Store Banking ausprobiert haben, zeigten jedoch, daß über die im Modell verwendeten Gestaltungsalternativen auf der Instrumentalebene notwendigerweise entschieden werden muß, um den Einsatz von Bankshops erfolgversprechend zu gestalten.

---

[170] Vgl. speziell zu den Instrumenten des Bankmarketing Büschgen (1995, S. 127-294); Regli (1988, S. 47-94); Swoboda (1996, S. 123-211) und zu Instrumenten des Marketing allgemein Haedrich/Tomczak (1990, S. 137-177); Kotler/Bliemel (1992, S. 621-1018).

Abbildung 25: Modell einer Entscheidungshierarchie bei Nutzung von Bankshops

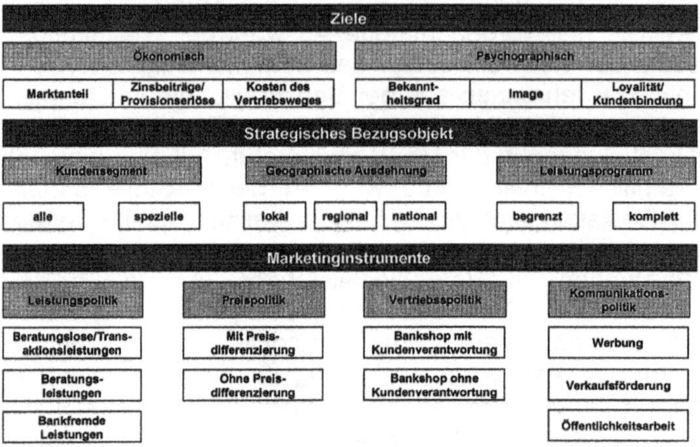

Quelle: Eigene Darstellung in Anlehnung an die Ausführungen bei Büschgen (1995, S. 79-294); Haedrich/Tomczak (1990, S. 137-178).

5.2.3 Umsetzungsoptionen für Bankshops in Deutschland

Mit Hilfe des vorab eingeführten Modells wird jede der in Abschnitt 5.2.1 aufgeführten Umsetzungsoptionen für Bankshops in Deutschland im folgenden dahingehend betrachtet, welche Ziele primär verfolgt werden, welcher Strategiebezugspunkt gewählt wird und wie die einzelnen Marketinginstrumente kombiniert werden. Abschließend erfolgt eine Einschätzung, für welche Banken mit welchen Voraussetzungen sich die jeweilige Option nach dem jetzigen Kenntnisstand eignen könnte.

5.2.3.1 Installation von Mini-Bankshops zur Gewinnung von Neukunden

Der Zielinhalt dieser Option ist ökonomischer Art, da durch die Neukundenakquise der Marktanteil gesteigert werden soll. Zur Erreichung dieses Ziels sollte eine kundensegmentbezogene Strategie gewählt werden, wobei sowohl sämtliche Privatkunden als auch einzelne Segmente als Zielkundschaft definiert werden können. In Abhängigkeit von der festgelegten Zielkundengruppe werden die Entscheidungen hinsichtlich der geographischen Ausdehnung, die lokal oder auch regional sein kann, sowie der genauen Standortwahl der Bankshops und bezüglich des begrenzten Produktspektrums, mit dessen Hilfe die Kundenansprache im Rahmen von Schwerpunktaktionen erfolgt, getroffen.

Jeder im Shop akquirierte Kunde wird an eine der bestehenden Filialen übergeleitet. Die Verwaltung von Beständen findet in den Bankshops nicht statt. Der Shop hat keine Verantwortung für die Kundenbeziehung. Sämtliche dem Verkauf nachgelagerten Prozesse sind daher aus den In-Store Filialen auszulagern. Bei der Kundenakquise können die Mitarbeiter auf einfache Beratungsprodukte zurückgreifen, die, um die Akquise zu unterstützen, eine Preisdifferenzierung zu den traditionellen Filialen aufweisen. Kommunikationspolitisch wird das Ziel der Neukundengewinnung durch den Einsatz von Verkaufsförderungsmaßnahmen begleitet. Der Erfolg der Bankshops wird an der Zahl der akquirierten Neukunden gemessen. Die Mitarbeiter in den Shops sollten eine erfolgsabhängige Vergütung erhalten.

Diese Option eignet sich für Banken, die ihren Marktanteil über alle Kundensegmente oder in bestimmten Kundengruppen ausbauen wollen.

Abbildung 26: Entscheidungsmöglichkeiten für die Installation von Bankshops zur Neukundengewinnung

Ziele		
Zielinhalt:	Ökonomisch	
Zielgröße:	Marktanteil	
Strategisches Bezugsobjekt		
Schwerpunkt	Kundensegment	Alle oder spezielle
Weitere Dimensionen	Geograph. Ausdehnung	Lokal bis national
	Leistungsprogramm	Begrenzt
Instrumente des Bankmarketing		
Leistungspolitik	Einfache Beratungsleistungen	
Preispolitik	Preisdifferenzierung	
Vertriebspolitik	Bankshop ohne Kundenverantwortung	
Kommunikationspolitik	Verkaufsförderung	

Quelle: Eigene Darstellung.

5.2.3.2 Installation von Mini-Bankshops zum aktiven Produktverkauf

In diesem Fall agiert der Bankshop im Rahmen der Vertriebswegestrategie als zusätzliche Ertragsquelle. Der Zielinhalt ist also ökonomischer

Natur und die Zielgrößen sind Zinsbeiträge oder Provisionserlöse. Als primäres strategisches Bezugsobjekt dient das Leistungsprogramm, welches nur in begrenzter Form angeboten wird. Hinsichtlich der Kundensegmente und der geographischen Ausdehnung ist eine bankindividuelle Entscheidung notwendig, da hier sämtliche Optionen denkbar sind. Im Rahmen der Leistungspolitik bietet sich das Angebot von einfachen Beratungsleistungen an, die preispolitisch durch eine Preisdifferenzierung im Vergleich zu den Filialen und kommunikationspolitisch durch Verkaufsförderung begleitet werden. Wie im vorherigen Fall hat der Shop auch hier keine Verantwortung für die Kundenbeziehung. Sämtliche dem Verkauf nachgelagerten Prozesse sind daher aus den In-Store Filialen auszulagern. Will ein Kunde weitere Dienstleistungen der Bank in Anspruch nehmen, wird ein Kontakt zur nächsten Filiale hergestellt, wofür der Shopmitarbeiter bei erfolgreichem Produktabschluß in der Filiale eine Extravergütung erhält. Die Mitarbeiter sollten eine erfolgsabhängige Vergütung erhalten. Erfolgskriterium des Shops ist die Anzahl der verkauften Produkte. Diese Bankshops agieren ähnlich den Verkaufsständen von Kreditkartenunternehmen, wie man sie von Flughäfen oder Bahnhöfen kennt.

Abbildung 27: Entscheidungsmöglichkeiten für die Installation von Bankshops für den aktiven Produktverkauf

Ziele		
Zielinhalt:	Ökonomisch	
Zielgröße:	Zinsbeiträge/Provisionserlöse	
Strategisches Bezugsobjekt		
Schwerpunkt	Leistungsprogramm	Begrenzt
Weitere Dimensionen	Geograph. Ausdehnung	Lokal bis national
	Kundensegment	Alle oder spezielle
Instrumente des Bankmarketing		
Leistungspolitik	Einfache Beratungsleistungen	
Preispolitik	Preisdifferenzierung	
Vertriebspolitik	Bankshop ohne Kundenverantwortung	
Kommunikationspolitik	Verkaufsförderung	

Quelle: Eigene Darstellung.

Diese Option eignet sich sowohl für Banken, die über ausgeprägte Kompetenz im Cross-Selling verfügen, da dem Erstprodukt möglichst weitere Produkte folgen sollten, als auch für Banken, die über einzelne Produktschwerpunkte ein neues Marktgebiet erschließen wollen.

5.2.3.3 Installation von Mini-Bankshops zur Abschottung des eigenen Marktgebietes

Bei der Abschottung des eigenen Marktgebietes mittels Bankshops erfüllt der Shop die Funktion einer Servicestelle für die bestehenden Kunden. Der Zielinhalt kann daher sowohl psychographisch, der Bankshop soll zur Erhöhung der Kundenbindung/Loyalität beitragen, als auch ökonomisch, Verteidigung des bestehenden Marktanteils, definiert werden. Da es hierbei um die Besetzung von möglichen Standorten vor anderen Wettbewerbern geht, ist der primäre strategische Bezugspunkt die geographische Ausdehnung, wobei unter Kostengesichtspunkten nur die lokale oder regionale Variante sinnvoll erscheint.

Abbildung 28: Entscheidungsmöglichkeiten für die Installation von Bankshops zur Abschottung des eigenen Marktgebietes

Ziele		
Zielinhalt:	Psychographisch oder ökonomisch	
Zielgröße:	Loyalität/Kundenbindung oder Marktanteil	
Strategisches Bezugsobjekt		
Schwerpunkt	Geograph. Ausdehnung	Lokal bis regional
Weitere Dimensionen	Kundensegment	Alle (Bestandskunden)
	Leistungsprogramm	Begrenzt
Instrumente des Bankmarketing		
Leistungspolitik	Beratungslose Transaktionsleistungen, bankfremde	
Preispolitik	Keine Preisdifferenzierung	
Vertriebspolitik	Bankshop ohne Kundenverantwortung	
Kommunikationspolitik	Werbung und Öffentlichkeitsarbeit	

Quelle: Eigene Darstellung.

Da weder aktiver Produktverkauf noch Neukundenakquisition erfolgen sollen, werden bei dieser Option allen Bestandskunden der Bank beratungslose Transaktionsdienstleistungen und unter Umständen bankfremde Leistungen, z. B. Eintrittskarten oder CDs, mittels Automaten zur Verfügung gestellt. Beratungsgeschäft sollte möglichst nicht abgewickelt werden, sondern auf die Filialen verlagert werden. Preispolitisch sollte auf Preisdifferenzierung verzichtet werden. Der Bankshop hat bei dieser Variante keine Kundenverantwortung und kommunikationspolitisch wird mit den Mittel der Öffentlichkeitsarbeit und der Werbung gearbeitet.

Diese Option ist für Banken geeignet, die bereits über einen hohen Marktanteil in einem lokal oder regional begrenzten Geschäftsgebiet verfügen.

5.2.3.4 Installation von Bankshops bei gleichzeitiger Zusammenlegung bisheriger Filialstandorte

Ähnlich wie bei der vorherigen Option hat der Bankshop auch hier die Funktion einer Kontaktstelle für die Bestandskunden. Der Zielinhalt ist jedoch eindeutig ökonomischer Natur, da es um die Senkung der Vertriebskosten und die Verteidigung des Marktanteils geht. Primärer strategischer Bezugspunkt ist die geographische Ausdehnung auf lokaler Ebene. Da die Eröffnung des Bankshops jedoch in diesem Fall mit der Zusammenlegung bisheriger traditioneller Filialen einhergeht, besteht eine Funktion des Shops auch darin, Kundenabwanderungen zu stationären Wettbewerbern oder Direktbanken zu verhindern (siehe Abbildung 30).

Im Unterschied zur vorherigen Umsetzungsoption wird daher mit einem kompletten Leistungsprogramm für alle Kunden gearbeitet, da das Serviceniveau insgesamt nicht verschlechtert werden soll.[171]

---

[171] In der Untersuchung *Soll und Haben 5* findet man Anzeichen dafür, daß Konditionen und Service für einen Teil der Bankkunden in Deutschland an Bedeutung gewinnen. „Ein etwas anderes Bild ergibt sich, wenn man die Wechselbereiten analysiert. Konditionen und Zinsen stehen hier mit erheblich größerem Abstand vorn. Dann folgen weitere Servicepunkte. ... Reifen hier die anspruchsvollen Kunden der Zukunft heran?“ Zitiert nach Spiegel-Verlag/manager magazin (2000, S. 16).

Preisdifferenzierung findet nicht statt. Der Bankshop hat in diesem Modell Kundenverantwortung und arbeitet mehr oder weniger wie eine kleine Bankfiliale. Kommunikationspolitisch sollte die Eröffnung von Bankshops bei der Zusammenlegungen von traditionellen Filialen durch eine intensive Öffentlichkeitsarbeit begleitet werden, da Filialschließungen in der Regel negative Kundenreaktionen auslösen.

Diese Option eignet sich für Banken, deren Zweigstellennetz deutliche Profitabilitätsunterschiede aufweist, die aber ihre Nähe zum Kunden durch Zusammenlegungen von Filialen nicht aufgeben wollen.[172]

Abbildung 29: Entscheidungsmöglichkeiten für die Installation von Bankshops bei gleichzeitiger Zusammenlegung bisheriger Filialstandorte

Ziele		
Zielinhalt:	Ökonomisch	
Zielgröße:	Kosten des Vertriebsweges, Marktanteil	
Strategisches Bezugsobjekt		
Schwerpunkt	Geograph. Ausdehnung	Lokal
Weitere Dimensionen	Kundensegment	Alle
	Leistungsprogramm	Komplett
Instrumente des Bankmarketing		
Leistungspolitik	Beratungs- und beratungslose Leistungen	
Preispolitik	Keine Preisdifferenzierung	
Vertriebspolitik	Bankshop mit Kundenverantwortung	
Kommunikationspolitik	Öffentlichkeitsarbeit	

Quelle: Eigene Darstellung.

[172] Vgl. zur Wichtigkeit eines dichten Zweigstellennetzes und langer Öffnungszeiten Lohmann (1998, S. 189-190).

Abbildung 30: Zusammenhang zwischen dem Preis- und Serviceniveau und dem Kapazitätsdruck auf das klassische Filialsystem

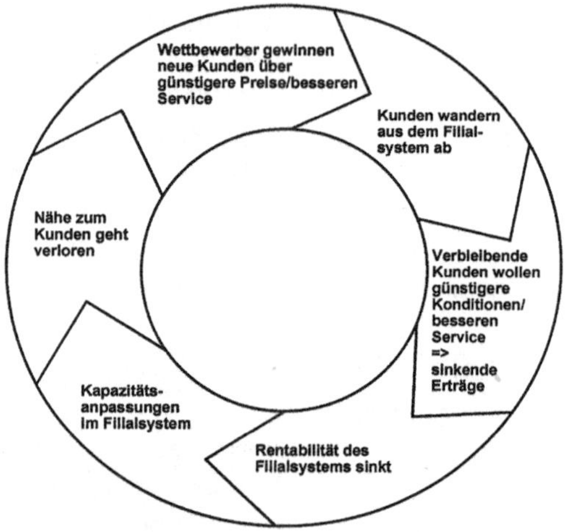

Quelle: In Anlehnung an Schüller (1998, S. 5).

5.3 Abschließende Bewertung

Obwohl zunächst mit Euphorie aufgenommen und mit Vorschußlorbeeren bedacht, wurden in jüngster Zeit erste Zweifel laut, ob das In-Store Banking nach US-amerikanischem Muster in Deutschland zu einem Erfolgsmodell werden kann. Daß die Skepsis berechtigt ist, wurde mit dieser Arbeit gezeigt. Eine einfache Kopie der US-amerikanischen In-Store-Banking-Konzeption ist für die deutschen Banken nicht ratsam, da insbesondere die Ursachen der Entstehung des ISB in den USA in wichtigen Punkten nicht vergleichbar mit denen in Deutschland sind. Mit den vorgestellten Umsetzungsoptionen für Bankshops in Deutschland wurden erste Antworten darauf gegeben, welche Elemente des US-amerikanischen In-Store Banking auch für deutsche Banken unter bestimmten Umständen erfolgreich nutzbar sein können.

Das Beispiel In-Store Banking zeigt einmal mehr, daß ohne eine genaue Betrachtung der landesspezifischen Rahmenbedingungen die Kopie eines im Ausland erfolgreichen Vertriebsansatzes zu einem teuren, aber letztlich erfolglosen Pilotprojekt werden kann.

6 Anhang

Tabelle 10: Ausstattungsmerkmale von In-Store Filialen bei einzelnen Banken in Deutschland

Merkmal / Bank	A	B	C	D	E	F	G	H	I	J
Öffnungszeiten										
Werktags	10-20	8-20	8-20	7-20	8-20	8-20	8-20	8-20	9-20	7-20
Samstags	10-16	8-16	8-16	7-16	8-16	8-16	8-16	8-16	9-16	7-16
Größe der In-Store Filialen in m^2	35-40	40-70	30-35	k. A.	k. A.	30-120	66-90	30-50	k. A.	60-80
Beratungszimmer/-ecke vorhanden	Ja	Nein	Ja	Nein	Ja	Nein	Ja	Ja	Ja	Ja
Technische Ausstattung										
GAA	Ja	Ja	Ja	Ja	Ja	Ja	Ja	Ja	Ja	Ja
KAD	Ja	Ja	Ja	Ja	Ja	Ja	Ja	Ja	Ja	Ja
Weitere SB-Geräte	Ja	Ja	Ja	Ja	Ja	Nein	Ja	Nein	Ja	Ja
Bargeldverkehr möglich	Nein	Nein	Ja[1]	Nein	Ja	Ja[1]	Ja	Nein	Nein	Ja[1]
Produktpalette										
eingeschränkt	X	X	X	X	X			X		
komplett						X	X		X	X
Ø Anzahl MA pro Shop	3	5	5	5	5	4-5	4-5	k. A.	4	7-8
Ø anwesende MA pro Shop	2	2	2	2	2	2-3	2-3	k. A.	2-3	3
Betriebskosten der In-Store Filiale im Vergleich zu einer normalen Filiale in %	60-70	k. A.[2]	50	k. A.[2]	k. A.	k. A.[2]	k. A.	k. A.	k. A.	k. A.
Investitionskosten der In-Store Filiale im Vergleich zu einer normalen Filiale in %	30-40	30-50	40	30	k. A.	50	30	80	100	40-50

Quelle: Ergebnisse der geführten Interviews.

[1] Nach Auskunft des jeweiligen Interviewpartners gibt es auch aktuelle Versuche mit bargeldlosen Filialen.

[2] Nach Auskunft des jeweiligen Interviewpartners sind die laufenden Betriebskosten im Bankshop jedoch deutlich geringer.

In-Store Banking - Interviewleitfaden

Name des Gesprächspartners, Bank

Ort, Datum des Interviews

Wieviele In-Store Filialen hat Ihr Institut momentan?

Wann haben Sie die ersten Überlegungen hinsichtlich der Einführung des In-Store Banking angestellt?

Welche Ursachen haben Sie dazu veranlaßt, über dieses neue Vertriebskonzept nachzudenken?

Welche Ziele verbindet Ihr Haus mit dem In-Store Banking?

Wie haben Sie die In-Store Filialen ausgestaltet?

Sind die Öffnungszeiten der In-Store Filialen denen des Einzelhandelsumfeldes angepaßt?

Auf welchen Erfolgsfaktoren basiert nach Meinung Ihres Hauses das In-Store Banking?

Wie messen Sie den Erfolg der In-Store Filialen?

Wie stehen die Kunden Ihres Hauses diesem Vertriebsweg gegenüber?

Stammen die Mitarbeiter in den In-Store Filialen aus der Bank oder wurden diese extern eingekauft?

Wie hoch sind die durchschnittlichen Kosten für den Aufbau und den Betrieb einer In-Store Filiale in Ihrer Bank?

Haben Sie externe Hilfe bei der Konzeption und Umsetzung des In-Store Banking beansprucht?

Wieviele Kunden hat die durchschnittliche In-Store Filiale in Ihrem Haus?

Nutzen Sie das In-Store Banking, um neue Marktgebiete kostengünstig zu erschließen?

Werden in den In-Store Filialen flexible Arbeitszeitmodelle und leistungsabhängige Entlohnungssysteme angewendet?

Wie wichtig ist Ihres Erachtens der aktive Verkauf durch die Mitarbeiter in den In-Store Filialen?

Wieviele Kunden braucht die durchschnittliche In-Store Filiale in Ihrem Haus bis zur Erreichung des Break-Even?

Bieten Sie in den In-Store Filialen die komplette Produktpalette an?

Welche Produkte vertreiben Sie schwerpunktmäßig in den In-Store Filialen?

Welche Kundengruppen wollen Sie mit dem In-Store Banking primär erreichen?

Werden Sie die Anzahl der In-Store Filialen in Ihrem Haus weiter ausbauen?

Was schätzen Sie, wieviel Prozent der Bankfilialen in Deutschland werden im Jahr 2005 In-Store Filialen sein?

- 9 -

Welche Vertriebswege bietet Ihr Haus den Kunden an?

<u>Vertriebsweg</u>
Standardfiliale
SB-Terminal
GAA
GAA an Drittstandorten
KAD
Internet
Call Center
In-Store Filialen

Wie ist der In-Store Vertriebsweg in die Gesamtvertriebsstrategie Ihres Hauses integriert?

- 10 -

7 Verzeichnis der geführten Interviews

Dr. Anette Dold, Citibank, Telefoninterview am 12. September 2000.

Harald Klocke, Deutsche Bank 24, Havelpark in Dallgow, 27. April 2000.

Heinz Haubrichs und Dagmar Strauß, Raiffeisenbank Rheinbach Euskirchen eG, Rheinbach, 24. August 2000.

Ingo Walther, Sparkasse Leipzig, Leipzig, 12. September 2000.

Kim Christensen, Hypovereinsbank AG, Telefoninterview am 6. Juni 2000.

Klaus Wolf, Nassauische Sparkasse, Wiesbaden, 4. Mai 2000.

Markus Kuhn, BfG Bank AG, Telefoninterview am 21. August 2000.

Markus Temme, Dresdner Bank AG, Telefoninterview am 21. August 2000.

Patrick Hartmann, BB-Bank eG, Telefoninterview am 21.09.2000,

Stefan Meyer, Sparkasse Bremen, Bremen, 24. August 2000.

Stefan Ruf, Landesbank Baden-Württemberg / Landesgirokasse Stuttgart, Telefoninterview am 21. August 2000.

Stefano Morelli, Commerzbank AG, Frankfurt am Main, 21. August 2000.

Thorsten Giele, Hamburger Sparkasse, Hamburg, 28. April 2000.

Volker Nothacker, Volksbank Baden-Baden Rastatt eG, Baden-Baden, 22. August 2000.

8 Literaturverzeichnis

Aarts, Anja (2000). *Rabobank Nederland Multichannel Management – From teller to seller.* Präsentationsunterlagen der EFMA Supermarket Banking Konferenz, die am 17.-18.04.2000 in München stattfand.

Adams, Jürgen (2000). Vom Bankdienstleister mit Marketingsegmenten zum Marketingdienstleister mit Banksegmenten: Store-Banking der Volksbank Raiffeisenbank Apolda. in: *BankInformation.* Nr. 4/2000, S. 29-32.

Allen, Michael (1998). "Bank in a Box"™ ...in a Store!. in: *Delivery Channel Strategies – The Role of the Branch in the 21st Century.* Hg. David Cavell. Dublin: Lafferty Publications Ltd, S. 105-110.

Allgemeine Deutsche Direktbank AG, Capital und psychonomics™, Hg. (1998). *Private Finanzen 2000 – Eine repräsentative Umfrage zur Finanzmentalität und zum Finanzverhalten der Bevölkerung in Deutschland.*

Arndorfer, James B. (1997). Texas Bank Shopping for Customers at Wal-Mart. in: *American Banker.* Ausgabe vom 05.05.97, S. 8.

A. T. Kearney, Inc., Hg. (1998). *Integrated Channel Management - A white Paper on Marketing and Distribution in Retail Financial Services.*

Avery, Robert B. [u. a.] (1997). Changes in the Distribution of Banking Offices. in: *Federal Reserve Bulletin.* September 1997, S. 707-725.

Avery, Robert B. [u. a.] (1999a). Trends in Home Purchase Lending: Consolidation and the Community Reinvestment Act. in: *Federal Reserve Bulletin.* Februar 1999, S. 81-102.

Avery, Robert B. [u. a.] (1999b). Consolidation and bank branching patterns. in: *Journal of Banking and Finance.* Vol. 23, Iss. 2-4, S. 497-532.

'Bank 24 deutlich auf Expansionskurs – Auch Supermarktfilialen der Deutschen Bank melden Erfolge' (1997). in: *Börsen-Zeitung.* Ausgabe vom 09.01.97, S. 4.

Bank for International Settlements (2000). *Statistics on Payment Systems in the Group of Ten Countries. Figures for 1998.* Basel.

‚Bank mit Spielecke‘ (1997). in: *bank und markt*. Nr. 12/97, S. 12.

Bank of America (jährlich). *Annual Report*. Charlotte, North Carolina.

Bank One Corporation (jährlich). *Annual Report*. Chicago, Illinois.

‚Banken gehen im Supermarkt auf Kundenfang‘ (1996). in: *Süddeutsche Zeitung*. Ausgabe vom 31.07.96, S. 25.

‚Bankgeschäfte bald im Supermarkt‘ (1996). in: *Bonner General Anzeiger*. Ausgabe vom 31.07.96, S. 15.

‚Banking goes Shopping‘ (2000). in: *geldinstitute*. Nr. 10/2000, S. 104-105.

‚Banking im Shop, Pillen in der Bank‘ (1997). in: *bank und markt*. Nr. 2/97, S. 6.

‚Banking und Shopping harmonisch vereint‘ (2000). in: *geldinstitute*. Nr. 3-4/2000, S. 84-85.

‚Bankingshop im Supermarkt‘ (1996). in: *geldinstitute*. Nr. 11-12/96, S. 120-121.

‚Bankprodukte im Sonderangebot‘ (1998). in: *Handelsblatt*. Ausgabe vom 22.07.98, S. 17.

‚Bankshops und Internet: Der Geno-Sektor übt den Anschluß‘ (1997). in: *bank und markt*. Nr. 11/97, S. 10-12.

Barrett, Mark (1997). Alternative Delivery Systems: Supermarkets, ATMs, Telephone Banking, PCs, and On-Line Banking. in: *The Bankers Magazine*. Mai/Juni 1997, S. 44-51.

Bekier, Matthias M., Dorlisa K. Flur und Seelan J. Singham (2000). A future for bricks and mortar. in: *The McKinsey Quarterly*. No. 3/2000, S. 78-85.

Benna, Ralf (1998). *Bedarfsorientiertes Filialbanking*. Frankfurt am Main: Fritz Knapp Verlag.

Bergner, Peter und Hans-Joachim Hellhake (2000). Die Filiale im Internet-Zeitalter: Mutation zum Mehrwert-Kanal. in: *bank und markt*. Nr. 10/2000, S. 12-14.

Berliner Volksbank eG (2000). Berliner Volksbank: Nach der Fusion Auftritt mit neuem Bankkonzept. Pressemitteilung vom 30.03.2000, im Internet unter: http://www.berliner-volksbank.de/wirueberuns/presseinformationen/300300.htm. Stand: 20.09.2000.

Betsch, Oskar (2000). *Aktuelle Tendenzen im Vertrieb von Finanzdienstleistungen in Deutschland.* Vortragsunterlagen vom Vorstandssymposium der DG Bank am 22.06.2000 in Berlin.

Bigbie, John-Eric (1996). Bye-bye to the branch. in: *The Banker.* August 1996, S. 21-23.

Board of Governors of the Federal Reserve System (2000). *Federal Reserve Statistical Release. Flow of Funds Accounts of the United States.* Release Date: March 10, 2000. im Internet unter: http://www.bog.frb.fed.us/releases/z1/Current/data.htm. Stand: 10.03.2000.

Böhler, Heymo (1992). *Marktforschung.* Stuttgart/Berlin/Köln: Kohlhammer.

Bowes, Elena (1998). Brits add on savings accounts, mortgages to their grocery lists. in: *AD AGE International.* Januar 1998, S. 29-30.

Braitmann, Ellen (1991). More Banks Adding Supermarket Sites. in: *American Banker.* Ausgabe vom 23.01.91, S. 1.

Braun, Heike (1996). Die Erlebnis-Banken. in: *Capital.* Nr. 10/96, S. 213-217.

Britt, Phil (1998). Training the in-store staff. in: *America's Community Banker.* Vol. 7, Iss. 7, S. 30-31.

Brown-Humes, Christopher (1998). Banking in the aisles. in: *Financial Times.* Ausgabe vom 16.05.98, S. 11.

Bundesverband der Deutschen Volksbanken und Raiffeisenbanken / BVR (1996). *Ergebnisse einer aktuellen Analyse des deutschen Bankenmarktes.*

Bundesverband deutscher Banken / BdB (2000). Online Banking: Immer mehr Online-Konten. Pressemitteilung vom 27.03.2000, im Internet unter: http://www.bdb.de/html/01..e/sub_03_bnews/03-00/presse_p_0333.html Stand: 06.09.2000.

Burchard, Ulrich (1996). Virtual Banking – Navigation durch Chancen und Risiken. in: *Die Banken auf dem Weg ins 21. Jahrhundert – Strategie und Konzepte.* Hg. International Bankers Forum e. V. Wiesbaden: Gabler-Verlag, S. 386-403.

Burchard, Ulrich (1997). Kompetenz-Netzwerk versus Universalbank. in: *Die Bank.* Nr. 1/97, S. 4-7.

Burgin, Paul (1997). Banking on success. in: *Mortgage Finance.* März 1997, S. 23-25.

Burgmaier, Stefanie (1997). Nebenbei erledigen – In Supermärkten testen immer mehr Geldinstitute die kostengünstige Zweigstelle der Zukunft. in: *Wirtschaftswoche.* Ausgabe vom 24.4.97, S. 60-63.

Burgmaier, Stefanie (2000). Deutsche Großbanken verdienen im Geschäft mit Privatkunden kaum einen Pfennig. in: *Financial Times Deutschland.* Ausgabe vom 23.02.2000, S. 22.

Burgmaier, Stefanie und Bernhard Jünemann (1996). Butter und Bargeld. in: *Wirtschaftswoche.* Ausgabe vom 08.08.96, S. 36.

Burkhardt, Thomas und Bernd Nolte (1999). Der Supermarkt als Bankdienstleister: Fresh Banking in Großbritannien. in: *Die Bank.* Nr. 2/99, S. 80-83.

Büschgen, Hans E. (1992). *Das kleine Bank-Lexikon.* Düsseldorf: Verlag Wirtschaft und Finanzen.

Büschgen, Hans E. (1995). *Bankmarketing.* Düsseldorf: ECON Verlag.

Cavell, David, Hg. (1998). *Delivery Channel Strategies – The Role of the Branch in the 21st Century.* Dublin: Lafferty Publications Ltd.

Chase, Brett (1997a). TCF to Replace B of A in Chicago Supermarket Sites. in: *American Banker.* Ausgabe vom 12.11.97, S. 1.

Chase, Brett (1997b). Rivals Check Out B of A Grocery Deal That Went Sour. in: *American Banker.* Ausgabe vom 30.10.97, S. 5.

Chase, Brett (1997c). National City to Shut Down or Revamp 200 Branches. in: *American Banker.* Ausgabe vom 25.08.97, S. 4.

Chase, Brett (1998a). TCF Supermarket Branching Preferable to Dealmaking. in: *American Banker*. Ausgabe vom 27.07.98, S. 4.

Chase, Brett (1998b). B of A Shifts Midwest Focus to Wholesale. in: *American Banker*. Ausgabe vom 29.01.98, S. 4.

Chase, Brett (1999). Bank United of Texas Makes Deal to Lease 50 Grocery Branches BankAmerica to Shut. in: *AmericanBanker.com*. Ausgabe vom 01.02.99, im Internet unter: http://www.americanbanker.com. Stand: 21.11.99.

‚CIBC's Retail Bank Of Tomorrow – Serving Coffee And Financial Advice' (1997). in: *American Banker*. Ausgabe vom 18.08.97, S. 4.

Citibank (1997a). Grosses Potential für Banking im Supermarkt. Finanz-Informationen der Citibank, September 1997.

Citibank (1997b). Kunden loben Zeitersparnis beim Supermarkt-Banking. Finanz-Informationen der Citibank, September 1997.

Citibank (2000). Lagebericht für das Geschäftsjahr 1999 Citibank Privatkunden AG. in: *Citibank Deutschland Geschäftsbericht 1999*. S. 57-59.

Clark, Drew (1996). The Future Of The Branch – Branches Persistence Rests With The Public. in: *American Banker*. Ausgabe vom 12.04.96, S. 10A.

Clayton, Michelle (1998). Branch innovations. in: *America's Community Banker*. Vol. 7, Iss. 4, S. 12-19.

Cline, Kenneth (1996). Wells Seen Dominating Ariz. Supermarket Branching. in: *American Banker*. Ausgabe vom 21.05.96, S. 5.

Coenen, Erich (1996). Banköffnungszeiten: Besteht Handlungsbedarf?. Interview in: *bank und markt*. Nr. 1/96, S. 8-10.

‚Commerzbank – Filialen in Supermärkten' (1996). in: *Wirtschaftswoche*. Ausgabe vom 25.07.96, S. 11.

Commerzbank (1998). Kein Zufall: Sie gehen einkaufen und treffen Ihre Bank. im Internet unter: http://www.commerzbank.de/privat/init/shop.htm. Stand: 05.10.98.

Commerzbank (1998a). Commerzbank erwartet höheres Ergebnis für 1998. Bis Ende September 135.000 neue Kunden. Pressemitteilung vom 11.11.98, im Internet unter: http://www.commerzbank.de/news/presse/ p981111.htm. Stand: 14.12.98.

Commerzbank (1998b). Commerzbank Shops gewinnen über 15.000 Neukunden. Pressemitteilung vom 29.10.98, im Internet unter: http://www.commerzbank .de/news/presse/p981029a.htm. Stand:09.12.98.

Commerzbank (1999). *Commerzbank Shops 1999*. Präsentation vom 17.12.99.

Commerzbank (2000). *Commerzbank Shop...nichts liegt näher.* Präsentation der Commerzbank, Version 06/2000.

Crockett, Barton (1995a). Wells Tells What's in Store: More, and Cheaper, Branches. in: *American Banker*. Ausgabe vom 13.12.95, S. 5.

Crockett, Barton (1995b). Wells Fargo Investments In Alternative Delivery Seen Eroding Profits. in: *American Banker*. Ausgabe vom 02.08.95, S. 4.

Crockett, Barton (1996a). Wells Fargo's Rx for Extra Income From Branches: Install Drugstores. in: *American Banker*. Ausgabe vom 08.07.96, S. 1.

Crockett, Barton (1996b). Wells Expects to Run a Bit Late In Post-Merger Branch Closings. in: *American Banker*. Ausgabe vom 13.06.96, S. 5.

Crockett, Barton (1996c). U.S. Bancorp Plans 200 New In-Store Branches, 170 with Grocery Chain. in: *American Banker*. Ausgabe vom 01.03.96, S. 6.

Crockett, Barton (1996d). 2 in the Aisles: Wells, BofA Slug It Out In-Store. in: *American Banker*. Ausgabe vom 09.02.96, S. 4.

Crockett, Barton (1996e). Changing workplace: Pitching for Wells in the Supermarket Aisles. in: *American Banker*. Ausgabe vom 31.01.96, S. 5.

Crockett, Barton (1996f). Supermarket Branches Expected to Blossom. in: *American Banker*. Ausgabe vom 22.01.96, S. 6.

‚Cucumbers, Carrots and Cash' (1998). in: *BankINVESTOR*. Oktober 1998, S. 23-27.

Das Deutsche Kundenbarometer (jährlich). Branchenbericht Banken und Sparkassen.

Datamonitor, Hg. (1998). *Direct Banking in Germany 1998*. London: Datamonitor Publications Plc.

Davidson, Steven (1998a). Harvesting growth in supermarkets: A case study. in: *America's Community Banker*. Vol. 7, Iss. 6, S. 10-15.

Davidson, Steven (1998b). Supermarket banking comes to town. in: *America's Community Banker*. Vol. 7, Iss. 1, S. 40-42.

Deloitte & Touche LLP, Hg. (1995). *The Future of Retail Banking - A Global Perspective*.

'Der Bankshop boomt' (1997). in: *geldinstitute*. Nr. 6/97, S. 110-111.

'Der Bankshop im Vertriebswege-Mix – Aspekte einer neuen Bankkultur' (1998). in: *geldinstitute*. Nr. 7-8/98, S. 84-85.

'Deutsche Bank geht in die Supermärkte. Neue Vertriebsschiene soll ab Herbst die Kunden locken' (1996). in: *Der Tagesspiegel*. Berlin-Ausgabe vom 31.07.96, S. 22.

'Deutsche Bank geht in die Supermärkte' (1996). in: *Berliner Zeitung*. Ausgabe vom 31.07.96, S. 16.

'Deutsche Bank in SB-Märkten' (1996). in: *Handelsblatt*. Ausgabe vom 31.07.96, S. 21.

'Deutsche Bank Kunden werden künftig in Supermärkten bedient' (1996). in: *Frankfurter Rundschau*. Ausgabe vom 31.07.96, S. 11.

'Deutsche Bank strebt in Supermärkte' (1996). in: *Die Welt online*. Ausgabe vom 14.10.96, im Internet unter: http://www.welt.de/daten/1996/10/14/1014wi107487.htx. Stand: 02.10.2000.

'Deutsche Bank: Samstagsarbeit in Bankshops erlaubt' (1998). in: *Handelsblatt Interaktiv*. Ausgabe vom 22.12.98, im Internet unter: http://www.handelsblatt.com. Stand: 22.12.98.

Deutsche Bundesbank (1998). *50 Jahre Deutsche Mark - Monetäre Statistiken 1948-1997 auf CD-ROM*. München: Verlag Franz Vahlen.

Deutsche Bundesbank (1999a). Die gesamtwirtschaftlichen Finanzierungsströme im Jahr 1998. in: *Deutsche Bundesbank Monatsbericht*. Juni 1999, S. 15-39.

Deutsche Bundesbank (1999b). Zur Entwicklung der privaten Vermögenssituation seit Beginn der neunziger Jahre. in: *Deutsche Bundesbank Monatsbericht*. Januar 1999, S. 33-50.

Deutsche Bundesbank (2000a). *Bankenstatistik August 2000 Statistisches Beiheft zum Monatsbericht 1*.

Deutsche Bundesbank (2000b). Die gesamtwirtschaftlichen Finanzierungsströme im Jahr 1999. in: *Deutsche Bundesbank Monatsbericht*. Juni 2000, S. 15-43.

‚Die Filiale ist nur noch für den Kundenservice da' (1997). in: *Börsen-Zeitung*. Ausgabe vom 09.01.97, S. 4.

‚Die Kunden von morgen spielend erobern' (1996). in: *geldinstitute*. Nr. 10/96, S. 84-85.

Dimopoulos, Katherine (2000). *The President's Choice Financial Story – The Direct Bank With a Twist!*. Präsentationsunterlagen der EFMA Supermarket Banking Konferenz, die am 17.-18.04.2000 in München stattfand.

‚Ein hartes Geschäft mit ganz eigenen Gesetzen' (1996). in: *Handelsblatt*. Ausgabe vom 25.09.96, S. 28.

‚Eine neue Ära' (1998). Interview mit Burkhardt Pauluhn in: *Forum*. Mitarbeiterzeitschrift der Deutschen Bank, Nr. 12/98, S. 15-17.

Ernst & Young LLP (1995). *Managing the Virtual Bank 1995 - Special Report on Technology in Banking*.

European Central Bank / ECB (2000). *Payment Systems In The European Union*. Frankfurt am Main, Februar 2000.

Faulkner & Gray (1999). Deployment Up, Usage Down. in: *Financial Service Online*. im Internet unter: http://www.financialserviceonline.com/html/research/072299_1.htm) Stand: 21.07.2000.

Faulkner & Gray (2000a). ATM, POS Volumes Showing Double-Digit Growth. in: *Financial Service Online.* im Internet unter: http://www.financial serviceonline.com/html/research/071800_2.htm) Stand: 21.07.2000.

Faulkner & Gray (2000b). ATM Users On The Rise, Zogby Says. in: *Financial Service Online.* im Internet unter: http://www.financialserviceonline.com/ html/research/071700_2.htm) Stand: 21.07.2000.

Federal Deposit Insurance Corporation / FDIC (2000). *Statistics on Banking.* Table 103 Number of offices of FDIC-insured depository institutions. im Internet unter: http://www.fdic.gov/bank/statistical/statistics/9912/all103. html. Stand: 17.07.2000.

Ferris, Douglas W. (1995). *Branching Strategies: In-Store Banking.* Vortragsmanuskript von der BAI Direct Banking Conference 1995 in Orlando, Florida.

Ferris, Douglas W. (1997a). Get in shape for in-store banking. in: *The Banker.* November 1997, S. 100-101.

Ferris, Douglas W. (1997b). *An Introduction To In-Store Banking.* im Internet unter: http://www.ncbs.com. Stand: 27.03.97.

Ferris, Douglas W. (1998). In-store banking success: Location, location, design!. in: *Bank Marketing.* Vol. 30, Iss. 2, S. 32-39.

Fischer, Thomas R. (1998). Größe und Geschäft: Betrachtungen aus Sicht einer Großsparkasse. in: *ZfgK.* Nr. 12/98, S. 670-675.

Flur, Dorlisa K., Elizabeth A. Ledet und Molly McCoy (1996). Supermarket banks. in: *The McKinsey Quarterly.* No. 4/96, S. 76-83.

Flur, Dorlisa K., Lenny T. Mendonca und Patricia Nakache (1997). Personal financial services: A question of channels. in: *The McKinsey Quarterly.* No. 3/97, S. 116-125.

Flushing Financial Corp. (1999). Flushing Savings Bank Opens In-Store Supermarket Branch in New Edwards Super Food Store. Pressemitteilung der Flushing Financial Corp. vom 10.11.99, im Internet unter: http://biz.yahoo.com/ bw/991110/ny_flushin_1.html Stand: 17.11.99.

Fontana, Dominick (1996). The Future Of The Branch – Optimizing Branches In Retailer Alliances. in: *American Banker.* Ausgabe vom 04.12.96, S. 12A.

‚Frage an Hinrich Feddersen: Sind längere Banköffnungszeiten nötig?' (2000). in: *bank und markt.* Nr. 7/2000, S. 10.

Franck, Stephane (2000). *The Finance-Shop concept of MIGROSBANK (CH).* Präsentationsunterlagen der EFMA Supermarket Banking Konferenz, die am 17.-18.04.2000 in München stattfand.

Fraser, Donald R. [u. a.] (1997). The wealth effects of interstate branching. in: *Journal of Banking and Finance.* Vol. 21, Iss. 5, S. 589-611.

‚Freier Weg für freie Kunden ...' (1996). in: *bank und markt.* Nr. 12/98, S. 4-5.

Fries, Eberhard (1998). Bank?Shop! Drei Aspekte einer neuen Bankkultur. in: *geldinstitute.* Nr. 1-2/98, S. 66-68.

Fritz, Wolfgang (1995). Erfolgsfaktoren im Marketing. in: *Handwörterbuch des Marketing.* Hg. Bruno Tietz. Stuttgart: Schäfer-Poeschel, S. 594-607.

Furlong, Fred (1997). Getting the Jump on Interstate Branching. in: *Federal Reserve Bank of San Francisco, Economic Letter.* No. 97-12, S. 1-3, im Internet unter: http://www.frbsf.org/econrsrch/wklyltr/el97-12.html Stand: 07.01.2000.

Furnham, Adrian (1999). The saving and spending habits of young people. in: *Journal of Economic Psychology.* Vol. 20, Iss. 6, S. 677-697.

Garnett, John W. (1994a). Introduction to In-Store Banking. in: *Branch Design for the 21st Century.* Hg. Lafferty Publications, Dublin: Lafferty Publications Ltd, S. 329-334.

Garnett, John W. (1994b). History of In-Store Banking. in: *Branch Design for the 21st Century.* Hg. Lafferty Publications, Dublin: Lafferty Publications Ltd, S. 335-338.

Garnett, John W. (1994c). Union Bank – San Francisco, California. in: *Branch Design for the 21st Century.* Hg. Lafferty Publications, Dublin: Lafferty Publications Ltd, S. 339-342.

Garnett, John W. (1994d). Star Bank – Cincinnati, Ohio. in: *Branch Design for the 21st Century.* Hg. Lafferty Publications, Dublin: Lafferty Publications Ltd, S. 343-346.

Garnett, John W. (1994e). Central Bank – Monroe, Louisiana. in: *Branch Design for the 21st Century.* Hg. Lafferty Publications, Dublin: Lafferty Publications Ltd, S. 347-350.

Garnett, John W. (1994f). First National Bank – Oblong, Illinois. in: *Branch Design for the 21st Century.* Hg. Lafferty Publications, Dublin: Lafferty Publications Ltd, S. 351-354.

‚Genossen bündeln ihre Kräfte' (2000). in: *Handelsblatt Interaktiv.* Ausgabe vom 17.05.2000, im Internet unter: http://www.handelsblatt.com. Stand: 17.05.2000.

GfK-Finanzmarktforschung (1997). *Finanzverhalten der Zukunft – Eine Grundlagenstudie der GfK Finanzmarktforschung.*

Giamboi, Pasquale (2000). *The UniCredito Italiano experience of in store branches with PAM Group: "Shopping Bank, You're in the bank while shopping".* Präsentationsunterlagen der EFMA Supermarket Banking Konferenz, die am 17.-18.04.2000 in München stattfand.

Gilam, Carey (1997a). Banking Company, Supermarket Chain Team Up on Thrift for In-Store Branches. in: *American Banker.* Ausgabe vom 14.10.97, S. 1.

Gilam, Carey (1997b). Supermarket Branches Ring Up Another Big Year. in: *American Banker.* Ausgabe vom 08.01.97, S. 7.

Gilam, Carey (1998). Hopes for Grocery Branches Don't Check Out, Study Says. in: *American Banker.* Ausgabe vom 12.08.98, S. 4.

Gloystein, Peter (1994). Neue Anforderungen an die Filialorganisation einer Großbank. in: *Handbuch Bankcontrolling.* Hg. Henner Schierenbeck und Hubertus Moser. Wiesbaden: Gabler Verlag, S. 139-166.

Gloystein, Peter (1998). Neue Wege zum privaten Kunden. in: *bank und markt.* Nr. 4/98, S. 12-18.

Grebe, Michael und Martin Kreuzer (1997). *ibi Privatkundenumfrage '97.* Hg. Institut für Bankinformatik an der Universität Regensburg.

Grill, Wolfgang, Ludwig Gramlich und Roland Eller, Hg. (1995). *Gabler Bank Lexikon.* 11., vollst. neu bearb. u. erw. Aufl. Wiesbaden: Gabler Verlag.

‚Grocery Stores Proving Popular Banking Venue' (1996). in: *RETAIL DELIVERY SYSTEM NEWS*. Ausgabe vom 16.02.96, S. 4-5.

Grohmann, Herbert (1998). Banking in Supermärkten expandiert. in: *Die Bank*. Nr. 7/98, S. 406-408.

Gruber, William (1997). Jewel-Osco To Host New Banker TCF Goes Shopping At The Market. in: *Chicago Tribune*. Ausgabe vom 11.11.97, S. 1.

Guha, Krishna (1997). Baked beans and a mortgage. in: *Financial Times*. Ausgabe vom 15.02.97, S. 3.

Gunther, Jeffery W. (1996). Bank Consolidation: When Less Means More. in: *Financial Industry Studies*. Hg. Federal Reserve Bank of Dallas, Dezember 1996, S. 1-8.

Gutt, Corinna (1997). Supermarkt wird zur Bank. in: *Blick durch die Wirtschaft*. Ausgabe vom 5.3.97, S. 1.

Haedrich, Günther und Torsten Tomczak (1990). *Strategische Markenführung: Planung und Realisierung von Marketingstrategien für eingeführte Produkte*. Bern/Stuttgart: Haupt-Verlag.

Harris Solomon, Elino (1999). What should regulators do about consolidation and electronic money?. in: *Journal of Banking and Finance*. Vol. 23, Iss. 2-4, S. 645-653.

‚Haspa macht Banking mobil' (2000). in: *geldinstitute*. Nr. 6/2000, S. 74-80.

Haubrichs, Heinz (1999). Instore-Banking Gehen wir dahin, wo der Kunde ist?. in: *BankInformation*. Nr. 10/99, S. 71-73.

Haubrichs, Heinz (2000). Aus der Praxis für die Praxis: BankTreff – Vertriebsweg mit Zukunft oder Irrweg?. in: *BankInformation*. Nr. 4/2000, S. 34-36.

Hein, Manfred (1993). *Einführung in die Bankbetriebslehre*. München: Vahlen.

Hempel, Carl G. und Paul Oppenheim (1948). Studies in the Logic of Explanation. in: *Philosophy of Science*. Vol. 15, No. 2, S. 135-175.

Hensley, Scott (1996). Banks Furious at NASD Plan to Bar Fund Sales in 1-Employee Branches. in: *American Banker*. Ausgabe vom 07.03.96, S. 1.

Hermanns, Arnold und Carsten Suckrow (1995). Trends in der Marketing-Kommunikation für Bankdienste. in: *bank und markt*. Nr. 12/95, S. 25-34.

Hoffmann, Dieter (1998). Bankgeschäfte am Point of Sale. in: *Kundenzufriedenheit und Kundenbindung - Strategien und Instrumente von Finanzdienstleistern*. Hg. Stefan Müller und Helmuth Strothmann. München: Verlag C. H. Beck, S. 411-426.

Hogarth, Jeanne M. und Kevin H. O'Donnell (1999). Banking Relationships of Lower-Income Families and the Government Trend toward Electronic Payment. in: *Federal Reserve Bulletin*. Juli 1999, S. 459-473.

Holmes, Chris (1999). Demographics Is the Key To In-Store Banks' Success. in: *American Banker*. Ausgabe vom 27.04.99, S. 6.

Holtfrerich, Carl-Ludwig, Hg. (1991). *Wirtschaft USA Strukturen Institutionen und Prozesse*. München/Wien: Oldenbourg.

‚How to bank with passion' (1997). in: *Retail Banker International*. Ausgabe vom 03.12.97, S. 14-15.

Huber, Frank und Andrea Herrmann (2000). Anforderungen an Bankshops: Was wollen die Kunden?. in: *bank und markt*. Nr. 7/2000, S. 33-35.

‚In-store bank branches grow over 25 per cent' (1994). in: *Retail Banker International*. Ausgabe vom 29.07.94, S. 8.

‚In-store banking boom to last' (1994). in: *Retail Banker International*. Ausgabe vom 08.03.94, S. 1.

‚In-Store Banking Profitable Move' (1997). in: *RETAIL DELIVERY SYSTEM NEWS*. Ausgabe vom 14.02.97, S. 4.

‚In-store banking trend picks up speed' (1994). in: *Bank Marketing International*. No. 08/94, S. 2.

INTERNATIONAL BANKING TECHNOLOGIES (1997a). In-Store Branching Growth Continues As Industry Adapts To Market Demands. Pressemitteilung vom 18.12.97, im Internet unter: http://www.intbantec.com/ ibt4.html. Stand: 07.01.2000.

INTERNATIONAL BANKING TECHNOLOGIES (1997b). Supermarket Branching Growth Experiences Record Year. Pressemitteilung vom 02.01.97, im Internet unter: http://www.intbantec.com/ibt4.html. Stand: 27.03.97.

INTERNATIONAL BANKING TECHNOLOGIES (1998). Annual In-Store Banking Growth And Profitability Trends. Pressemitteilung vom 14.12.98, im Internet unter: http://www.intbantec.com/ibt4.html. Stand: 07.01.2000.

INTERNATIONAL BANKING TECHNOLOGIES (1999a). Banks Integrate Technology And In-Store Banking. Pressemitteilung vom 16.12.99, im Internet unter: http://www.intbantec.com/ibt4.html. Stand: 07.01.2000.

INTERNATIONAL BANKING TECHNOLOGIES (1999b). IBT And AMED Partner To Revolutionize In-Store Branch Facilities. Pressemitteilung vom 06.12.99, im Internet unter: http://www.intbantec.com/ibt4.html. Stand: 07.01.2000.

INTERNATIONAL BANKING TECHNOLOGIES (2001). Annual In-Store Banking Industry Review. Pressemitteilung vom 09.01.01, im Internet unter: http:// www.intbantec.com/pages/PressR_2001_01_09.html. Stand: 23.01.2001.

Jayaratne, Jith und Philip E. Strahan (1997). The Benefits of Branching Deregulation. in: *Federal Reserve Bank of New York, Economic Policy Review.* Dezember 1997, S. 13-29.

Johnson, Brian A. [u. a.] (1995). Banking on multimedia. in: *The McKinsey Quarterly.* No. 2/95, S. 94-106.

Kantrow, Yvette D. (1999). Surprising Rivals Challenge British Bank Giants. in: *American Banker.* Ausgabe vom 14.01.99, S. 1.

‚Keine Banker für den Bankshop‘ (2000). in: *bank und markt.* Nr. 2/2000, S. 10.

Kennickell, Arthur B., Martha Starr-McCluer und Brian J. Surette (2000). Recent Changes in U.S. Family Finances: Results from the 1998 Survey of Consumer Finances. in: *Federal Reserve Bulletin.* Januar 2000, S. 1-29.

Khalfani, Lynnette (1996). Supermarket Banking Gets More Popular – But Analysts Doubt Some Services Will Catch On. in: *The Wall Street Journal*. Ausgabe vom 16.12.96, S. B10B.

Kimelman, John (1996). Safeway Deal to Give Wells 1,000 In-Store Offices. in: *American Banker*. Ausgabe vom 06.08.96, S. 6.

Kingson Bloom, Jennifer (1997). Wells Fargo Rethinks The Grocery-Clerk Look. in: *American Banker*. Ausgabe vom 02.05.97, S. 4.

Klopfenstein, Erich (1996). Data Base Marketing in der Praxis. in: *geldinstitute*. Nr. 1-2/96, S. 14-16.

Kobler, Bernard (1993). *Retail Banking*. Bern/Stuttgart/Wien: Haupt-Verlag.

Kohlhausen, Martin (1998a). Größe im Bankwesen – Anmerkungen zu einem vieldeutigen Begriff. in: *ZfgK*. Nr. 12/98, S. 666-669.

Kohlhausen, Martin (1998b). Perspektiven der Universalbanken deutscher Tradition im kommenden Jahrhundert. in: *ZfgK*. Nr. 6/98, S. 255-258.

Kolarik, Wolfgang und Bernd Ischebeck (1999). Von Omis Krämerladen zum modernen Bankshop. in: *geldinstitute*. Nr. 1-2/99, S. 102-105; Nr. 3/99, S. 160-166.

Kotler, Philip und Friedhelm W. Bliemel (1992). *Marketing Management: Analyse, Planung, Umsetzung und Steuerung*. 7., vollst. neu bearb. und für den dt. Sprachraum erw. Aufl. unter Einbeziehung der Übers. zur 6. Aufl. durch Manfred Brandl, Stuttgart: Poeschel.

Krause, Jürgen Frank und Hans Joachim Schmengler (1998). Wettbewerbsvorteile durch erweiterte Öffnungszeiten und Außendienst. in: *bank und markt*. Nr. 4/98, S. 19-22.

Kreissparkasse Saarlouis (2000). Jetzt gehen die Uhren anders!. im Internet unter: http://www.ksk-saarlouis.de/d305_3049290.html. Stand: 03.09.2000.

Kroder, Titus (1998). Supermarktbanken – Die meisten Institute schreiben noch Verluste – Brot, Bier und Baudarlehen. in: *Handelsblatt*. Ausgabe vom 23./24.10.98, S. 22.

Krumnow, Jürgen und Ludwig Gramlich, Hg. (2000). *Gabler Bank-Lexikon.* 12., vollständig überarb. und erw. Aufl., Update-Service im Internet unter: http://www.gabler.de/bank-lexikon/start.htm. Stand: 13.10.2000.

Krupp, Georg (1996). Erfolgsstrategien für parallele Vertriebskanäle im Privatkundengeschäft. in: *Die Bank.* Nr. 12/96, S. 712-718.

Kussel, Barbara (2000a). Frauen nutzen Bankshops häufiger als Männer. in: *Financial Times Deutschland.* Ausgabe vom 14.07.2000, S. 18.

Kussel, Barbara (2000b). Neben der Wursttheke wartet künftig der Anlageberater. in: *Financial Times Deutschland.* Ausgabe vom 11.07.2000, S. 1.

Kutler, Jeffrey (1996). Consultants Take Delivery Study a Step Further. in *American Banker.* Ausgabe vom 25.04.96, S. 4.

Küttner, Michael (1989). Prognose, Voraussage. in: *Handlexikon zur Wissenschaftstheorie.* Hg. Helmut Seiffert und Gerard Radnitzky. München: Ehrenwirth, S. 275-280.

Küttner, Michael und Hans Lenk (1989). Erklärung. in: *Handlexikon zur Wissenschaftstheorie.* Hg. Helmut Seiffert und Gerard Radnitzky. München: Ehrenwirth, S. 68-73.

Laderman, Elizabeth (1998). Trends in Twelfth District Banking in 1997. in: *Federal Reserve Bank of San Francisco, Economic Letter.* No. 98-02, S. 1-3, im Internet unter: http://www.frbsf.org/econrsrch/wklyltr/el98-02.html. Stand: 07.01.2000.

Lafferty Publications, Hg. (1994). *Branch Design for the 21st Century.* Dublin: Lafferty Publications Ltd.

Landeszentralbank im Freistaat Bayern (1997). *Jahresbericht 1997.*

Lang, Günther (1996). Efficiency, profitability and competition: empirical analysis for a panel of German Universal Banks. in: *Ifo-Studien - Zeitschrift für empirische Wirtschaftsforschung.* Nr. 4/96, S. 537-561.

'Lego-Ecke statt Glaskasten' (1997). in: *Handelsblatt.* Ausgabe vom 02.05.97, S. 19.

Leichtfuss, Reinhold (1998). Wie wichtig ist Größe? – Die Entwicklung der Erfolgsfaktoren im Privatkundengeschäft. in: *Handbuch Privatkundengeschäft*. Hg. Oskar Betsch, Eckart van Hooven und Georg Krupp. Frankfurt am Main: Fritz Knapp Verlag, S. 93-106.

Leichtfuss, Reinhold und Frank Mattern (1995). Can Retail Banks Learn From Each Other?. in: *The McKinsey Quarterly*. No. 1/95, S. 86-103.

Leitermann, Hubert (1998). Bankfilialen in Supermärkten. in: *Handbuch Privatkundengeschäft*. Hg. Oskar Betsch, Eckart van Hooven und Georg Krupp. Frankfurt am Main: Fritz Knapp Verlag, S. 619-629.

Lohmann, Florian (1998). Ursachen von Kundenloyalität: Ein umfassendes Erklärungsmodell. in: *Kundenzufriedenheit und Kundenbindung - Strategien und Instrumente von Finanzdienstleistern*. Hg. Stefan Müller und Helmuth Strothmann. München: Verlag C. H. Beck, S. 179-196.

Lucius, Otto (1998). Innovationen im Bankdienstleistungsvertrieb Commerzbank Shops – Beispiel für erfolgreiches Instore-Banking. in: *Österreichisches Bank-Archiv*. Nr. 12/98, S. 960-961.

Makro Media (2000). Was ist ein Bankshop?. im Internet unter: http://www.makromedia.com/Shoptext.htm. Stand: 02.09.2000.

McLaughlin, Susan (1995). The Impact of Interstate Banking and Branching Reform: Evidence from the States. *Federal Reserve Bank of New York, Current Issues in Economics and Finance*. Vol. 1, No. 2.

Meffert, Heribert und Christoph Burmann (1996). Value-Added-Services im Bankbereich. in: *bank und markt*. Nr. 4/96, S. 26-29.

Memmelaar, Ellen (1990). Supermarket Offices stress Service. in: *American Banker*. Ausgabe vom 17.05.90, S. 6.

Mendonca, Lenny und Gordon D. McCallum (1995). Battling for the wallet. in: *The McKinsey Quarterly*. No. 2/95, S. 77-92.

Mendonca, Lenny und Patricia Nakache (1996). Branch banking is not a dinosaur. in: *The McKinsey Quarterly*. No. 1/96, S. 136-146.

Michalk, Claus und Holger Dilling (1998). Wettbewerber im Informationszeitalter. in: *Handbuch Privatkundengeschäft*. Hg. Oskar Betsch, Eckart van Hooven und Georg Krupp. Frankfurt am Main: Fritz Knapp Verlag, S. 79-91.

Miller, Thomas (1997). Banks branch out. in: *The Banker*. August 1997, S. 72-73.

Milstead, David (1998). NationsBank shifts branch to grocery. in: *The Herald Rock Hill*. Ausgabe vom 17.04.98, S. 6c.

Morris, John (1984). Sears: In-Store Centers Top Expectations. in: *American Banker*. Ausgabe vom 30.03.84, S. 1.

Moyer, Liz (1997). Wells Testing Branches That Offer Coffee, Dry Cleaning, Or Lunch. in: *American Banker*. Ausgabe vom 20.10.97, S. 6.

Moyer, Liz (1999). Chase Planning Supermarket Branches in Texas. in: *American Banker.com*. Ausgabe vom 01.09.99, im Internet unter: http://www.american banker.com. Stand: 21.11.99.

Müller, Peter (1998). Auftanken und Abheben. in: *geldinstitute*. Nr. 4-5/98, S. 98-99.

Müller, Stefan und Falk Böse (2000). Preispolitik – zur Kundenbindung ungeeignet? in: *bank und markt*. Nr. 6/2000, S. 37-40.

Müller, Wolfgang und Thomas Jahn (2000). BB Bank: Produktbündel als Marke etablieren. in: *bank und markt*. Nr. 8/2000, S. 22-24.

Munro, Kathy (1995). Rethinking Branch Strategies. in: *Bank Management*. November/Dezember 1995, S. 31-33.

Murphy, Frank (2000). *tusa*. Präsentationsunterlagen der EFMA Supermarket Banking Konferenz, die am 17.-18.04.2000 in München stattfand.

Nathan, Sara (1998). First Union Prepares To Flex Money Store Muscle. in: *American Banker*. Ausgabe vom 01.06.98, S. 16.

National Commerce Bank Services (1998a). What is in store banking?. im Internet unter: http://www.ncbs.com/isb101/whatis.html. Stand: 05.05.98.

National Commerce Bank Services (1998b). The Facts. im Internet unter: http://www.ncbs.com/isb101/facts.html. Stand: 05.05.98.

National Commerce Bank Services (1998c). Future of ISB. im Internet unter: http://www.ncbs.com/isb101/future.html. Stand: 05.05.98.

National Commerce Bank Services (1998d). Supercenter Banking Among Wal-Mart Shoppers' Top Choices. im Internet unter: http://www.ncbs.com/press/walmart.html. Stand: 05.05.98.

National Commerce Bank Services (1998e). NCBS survey. im Internet unter: http://www.ncbs.com/isb101/survey.html. Stand: 11.01.98.

National Commerce Bank Services (1998f). ISB for bankers. im Internet unter: http://www.ncbs.com/isb101/isbbanker.html. Stand: 11.01.98.

National Commerce Bank Services (1998g). ISB for retailers. im Internet unter: http://www.ncbs.com/isb101/isbretailer.html. Stand: 11.01.98.

NationsBank Corporation (jährlich). *Annual Report*. Charlotte, North Carolina.

'Neue Vertriebsschiene in Orange und Blau' (1996). in: *Handelsblatt*. Ausgabe vom 01.11.96, S. 16.

'Neues Ladenschlussgesetz macht wenig Eindruck' (1996). in: *Handelsblatt*. Ausgabe vom 15.07.96, S. 25.

'Noch jeder zweite Mitarbeiter im Call Center' (2000). in: *bank und markt*. Nr. 8/2000, S. 28-29.

Norton, Mike (1997). the inside story. in: *Banking Technology*. Mai 1997, S. 24-26.

O'Dea, Ann (1996a). Banking on a brand new strategy. in: *Retail Banker International Compilation*. Ausgabe vom 16.11.96, S. 14-15.

O'Dea, Ann (1996b). Out of the branch, into the store. in: *Bank Marketing International*. No. 02/96, S. 6.

O'Malley, Peter (1998). Blanchardstown and Bloomfields Shopping Malls, in: Cavell, David, Hg. (1998). *Delivery Channel Strategies – The Role of the Branch in the 21st Century*, Dublin: Lafferty Publications Ltd, S. 87-94.

O'Sullivan, Orla (1998). A branch in all but name. in: *US Banker*. Vol. 108, Iss. 5, S. 18.

‚Ohne Schalter und Schreibtisch' (1997). in: *Handelsblatt*. Ausgabe vom 21.11.97, S. 20.

Orlow, Daniel K., Lawrence J. Radecki und John Wenninger (1996). Ongoing Restructuring of Retail Banking. *Federal Reserve Bank of New York, Research Paper*. No. 9634.

Osterberg, William P. und Sandy A. Sterk (1997). Do More Banking Offices Mean More Banking Services?. *Federal Reserve Bank of Cleveland, Economic Commentary*. Dezember 1997. im Internet unter: http://www.clev.frb.org.

Ostertag, Johannes-Xaver (1995). *Effiziente Zweigstellenstrukturen deutscher Flächenkreditinstitute*. Stuttgart: Deutscher Sparkassenverlag.

Pauluhn, Burkhardt (1997). *Die zukünftige Rolle der Supermarktfiliale im Privatkundengeschäft*. Vortragsunterlagen Euroforum Konferenz, Frankfurt am Main, 11. und 12. September 1997.

Pauluhn, Burkhardt (1998). Der Supermarkt – Die Alternative. in: *geldinstitute*. Nr. 4-5/98, S. 90-92.

‚Pilotprojekt für neue Form des Filial-Vertriebs' (1998). in: *geldinstitute*. Nr. 1-2/98, S. 70-72.

Pischulti, Helmut (1997). *Direktbankgeschäft*. Frankfurt am Main: Fritz Knapp Verlag.

Pope, Sterett (1996). Pursuing the in-store strategy. in: *Retail Banker International*. Ausgabe vom 19.02.96, S. 4.

Quint, Andreas (1991). Bankensystem. in: *Wirtschaft USA Strukturen Institutionen und Prozesse*. Hg. Carl-Ludwig Holtfrerich, München/Wien: Oldenbourg, S. 303-326.

Radecki, Lawrence J. (1997). Potential Employment Effects of the Restructuring of Retail Banking. in: *Federal Reserve Bank of New York, Economic Policy Review*. Februar 1997, S. 75-78.

Radecki, Lawrence J. (1998). The Expanding Geographic Reach of Retail Banking Markets. in: *Federal Reserve Bank of New York, Economic Policy Review*. Juni 1998, S. 15-34.

Radecki, Lawrence J., John Wenninger und Daniel K. Orlow (1996). Bank Branches in Supermarkets. *Federal Reserve Bank of New York, Current Issues in Economics and Finance*. Vol. 2, No. 13.

Raffee, Hans (1993). Gegenstand, Methoden und Konzepte der Betriebswirtschaftslehre. in: *Vahlens Kompendium der Betriebswirtschaftslehre*. Band 1, 3. Auflage, S. 1-46.

Raiffeisen-Volksbank Dillingen eG (2000). Eine moderne Bank kommt zu Ihnen.... im Internet unter: http://www.rvbdillingen.de/html/wir/bank_shop.html. Stand: 02.09.2000.

Rawles, John (2000). *Supermarket Banking – Making it work means finding real win-wins*. Präsentationsunterlagen der EFMA Supermarket Banking Konferenz, die am 17.-18.04.2000 in München stattfand.

Reddoch, Michael (1998a). Retail Delivery Systems and the Future of In-Store Banking. in: *Delivery Channel Strategies – The Role of the Branch in the 21st Century*. Hg. David Cavell, Dublin: Lafferty Publications Ltd, S. 95-100.

Reddoch, Michael (1998b). Don't Write Off In-Store Bank Branches Just Yet. in: *American Banker*. Ausgabe vom 08.10.98, S. 6.

Regli, Jürg (1988). *Bankmarketing – eine Abhandlung unter besonderer Berücksichtigung des Marketings in der Planung*. Bern/Stuttgart: Haupt Verlag.

Reimann, Eckhard (1996). Kundenbindung im Retail Banking - Ergebnisse einer Studie bei amerikanischen Banken. in: *geldinstitute*. Nr. 6/96, S. 6-10.

Reimers-Mortensen, Sabine und Anita Funken-Luce (1996). Innovative Vertriebswege. in: *geldinstitute*. Nr. 1-2/96, S. 18-20.

‚Retail Branches Redefine Focus' (1998). in: *Retail Delivery Systems News*. Ausgabe vom 29.04.98, S. 4.

Reuter, Bianca (1999). ComTime 99 – Praxisbeispiele flexibler Arbeitszeitmodelle. in: *Die Bank*. Nr. 12/99, S. 850-855.

Rhoads, Christopher (1996). Wells Fargo Eliminating 7% More Jobs Than Forecast. in: *American Banker*. Ausgabe vom 18.12.96, S. 4.

Rhoads, Christopher (1997). Wells Plans 122 Supermarket Branches in 4 Western States This Year. in: *American Banker*. Ausgabe vom 16.06.97, S. 6.

Ribeiro, P. Alvares (2000). *The Launching of a Customer Driven Bank*. Präsentationsunterlagen der EFMA Supermarket Banking Konferenz, die am 17.-18.04.2000 in München stattfand.

Rockenfeller, Manfred (2000). Erfolgreiche Implementierung eines neuen Vertriebsweges, einer zukunftsweisenden Vertriebsidee: Der FinanzShop der Volksbank Baden-Baden Rastatt. in: *BankInformation*. Nr. 4/2000, S. 24-28.

Rogowski, Dirk (2000). Moderne Wege zum Konto. in: *BankCOLLEG Privatkundengeschäft*. Hg. Akademie Deutscher Genossenschaften. Wiesbaden: Deutscher Genossenschafts-Verlag, Lerneinheit 17.

Roosevelt, Phil (1992). Sears to Pull Out of Banking. in: *American Banker*. Ausgabe vom 30.09.92, S. 1.

Ruh, Sabine T. (1999). Mit Initiative im Markt. in: *Forum*. Mitarbeiterzeitschrift der Deutschen Bank, Nr. 2/99, S. 39-40.

Saar Bank Saarbrücken (2000). Filialverzeichnis. im Internet unter: http://www.saarbank.de/netscape/sek_infocenter/812.htm. Stand: 03.09.2000.

Sampson, David (1998). The Tesco Personal Finance In-store Banking Units, in: *Delivery Channel Strategies – The Role of the Branch in the 21st Century*. Hg. David Cavell, Dublin: Lafferty Publications Ltd, S. 101-104.

Saranpää, Minna (2000). *Market Banks*. Präsentationsunterlagen der EFMA Supermarket Banking Konferenz, die am 17.-18.04.2000 in München stattfand.

Schierenbeck, Henner (1994). *Ertragsorientiertes Bankmanagement*. 4., überarb. und erw. Aufl., Wiesbaden: Gabler Verlag.

Schlechthaupt, Wolf-Dieter (1995). Die Bankfiliale 2002. in: *geldinstitute*. Nr. 4-5/95, S. 12-16.

Schmelzer, Geert (1997). Ideale Verbindung. in: *Der Handel*. Nr. 2/97, S. 32-33.

Schnell, Rainer; Paul B. Hill und Elke Esser (1992). *Methoden der empirischen Sozialforschung*. München/Wien: Oldenbourg, 1992.

Schüller, Stephan (1998). Der Finanzshop – neue Impulse für das Filialsystem?. in: *Die Bank*. Nr. 1/98, S. 4-8.

Schuster, Leo (1998). Die Ursachen der Fusionswelle: Anmerkungen zu einer speziellen Bankenkrise. in: *ZfgK*. Nr. 12/98, S. 676-677.

Senerpont Domis, Olaf de (1999a). Wells Fargo to Expand Supermarket Branching Strategy in the Midwest. in: *AmericanBanker.com*. Ausgabe vom 03.09.99, im Internet unter: http://www.market-line.com/ab9399.htm. Stand: 05.11.99.

Senerpont Domis, Olaf de (1999b). Grocery Store Branches Increasing at Slower Clip. in: *AmericanBanker.com*. Ausgabe vom 11.01.99, im Internet unter: http://www.market-line.com/ab11199.htm. Stand: 05.11.99.

‚Service-Center statt Filialen' (1998). in: *bank und markt*. Nr. 11/98, S. 6.

Shmukler, Evelina (1999). Wake up and smell the coffee in your bank. in: *America's Community Banker*. Vol. 8, Iss. 2, S. 22-25.

‚Shop-Gestaltung am Beispiel LG-Shop' (1998). in: *geldinstitute*. Nr. 1-2/98, S. 74-77.

Sieweck, Jörg (1996). Vertriebswege von Finanzdienstleistungen. in: *Sparkasse*. Nr. 5/96, S. 229-232.

Simmons, William und Halle Conway (1998). Supermarket branches: More myth than magic. in: *US Banker*. Vol. 108, Iss. 12, S. 28.

Smithers, Stacy (2000). *Building Market Share through Supermarket Banking*. Präsentationsunterlagen der EFMA Supermarket Banking Konferenz, die am 17.-18.04.2000 in München stattfand.

SNL Securities (2000). *Branch Migration DataSource v2.1*. Stand: 16.02.2000.

Sondermann, Axel und Rolf Tilmes (1998). Auch Spezialbanken brauchen einen Fokus. in: *Die Bank*. Nr. 1/98, S. 8-12.

Sparda Bank Frankfurt (2000). Geschäftsstellenverzeichnis. im Internet unter: http://www.sparda-f.de/geschaeftsstellen_liste.html. Stand: 03.09.2000.

Sparda Bank Kassel (2000). Geschäftsstellenverzeichnis. im Internet unter: http://www.sparda-ks.de/geschaeftsstellen_liste.html. Stand: 03.09.2000.

Sparkasse Leer-Weener (2000). Geschäftsstellenverzeichnis. im Internet unter: http://www.sparkasse-leer.de/d642_2730418.html. Stand: 03.09.2000.

Sparkasse Ostprignitz-Ruppin (2000). Zweigstellenverzeichnis. im Internet unter: http://www.sparkasse-opr.de/d466_2585691.html. Stand: 03.09.2000.

'Sparkassen-Laden im Warenhaus-Look' (1999). in: *bank und markt.* Nr. 11/99, S. 10-11.

Spiegel-Verlag und manager magazin, Hg. (2000). *Soll und Haben 5.* Hamburg: Spiegel-Verlag.

'Spielwaren in der Bank' (1997). in: *bank und markt.* Nr. 12/97, S. 15.

Stadt- und Saalkreissparkasse Halle (2000). *Geschäftsbericht 1999.*

Städtische Sparkasse Bremerhaven (2000). Städtische Sparkasse setzt weiter Impulse. im Internet unter: http://www.sparkasse-bremerhaven.de/portrait/produktinnovation.htm. Stand: 02.09.2000.

Stadtsparkasse Hemer (2000). Geschäftsstellenverzeichnis. im Internet unter: http://www.sparkasse-hemer.de/sparkasse/gs.htm. Stand: 03.09.2000.

Stadtsparkasse Neustadt a. d. Weinstraße (2000). S-Shop: Bank ohne Bankschalter. im Internet unter: http://www.stadtsparkasse-neustadt.de/_Aktuelles14.htm. Stand: 03.09.2000.

Stappel, Michael (2000). Retail Banking: Vertriebsstrukturwandel steht erst am Anfang. in: *Genossenschaften im Wettbewerb.* Hg. DG Bank, Ausgabe 3, Juli 2000.

Stelling, Wolf und Dietmar Tacke (2000). Bankshop-Mitarbeiter: „Akzeptieren Sie ein Nein des Kunden!". in: *bank und markt.* Nr. 10/2000, S. 16-19.

Stracke, Guido (1992). *Finanzdienstleistungen: Handbuch über den Markt und die Anbieter.* Heidelberg: Verlag Recht und Wirtschaft.

Ströbele, Erwin (1995). Junge Leute wollen „Junge“ Banken. in: *geldinstitute*. Nr. 4-5/95, S. 118-120.

Ströbele, Erwin (1999). Bankshop als Kundenmagnet. in: *geldinstitute*. Nr. 1-2/99, S. 32-33.

Stroup, Charles (1998). Beyond in-store banking at Star Bank. in: *Journal of Retail Banking Services*. Vol. 20, Iss. 4, S. 19-25.

Süchting, Joachim (1998). Die Theorie der Bankloyalität – (immer noch) eine Basis zum Verständnis der Absatzbeziehungen von Kreditinstituten?. in: *Handbuch des Bankmarketing*. Hg. Joachim Süchting und Hans-Michael Heitmüller. Wiesbaden: Gabler Verlag, S. 1-25.

‚Supermarket banking – On the money‘ (1998). in: *The Economist*. Ausgabe vom 28.03.98, S. 77-78.

‚Supermarket banking: Abbey expands presence in Safeway‘ (1998). in: *Distribution Management Briefing*. Oktober 1998, S. 3.

‚Supermarket Branches' Goals Should Be Higher, Staff Specially Trained‘ (1997). in: *American Banker*. Ausgabe vom 22.10.97, S. 8.

‚Supermarket duel in Florida‘ (1996). in: *Retail Banker International*. Ausgabe vom 03.05.96, S. 4.

‚Supermarkets go bankers‘ (1997). in: *THE INTERNATIONAL*. April 1997, S. 20.

‚Supermarkets: Giving it all away?‘ (1998). in: *Accountancy*. Vol. 122, Iss. 1259, S. 35.

Svigals, Jerome (1996). *Bank Branching 2010*. Dublin: Lafferty Publications Ltd.

Swoboda, Uwe C. (1996). *Privatkundengeschäft der Kreditinstitute – Marketingstrategien und Managementprozesse*. Frankfurt am Main: Bankakademie-Verlag.

Talley, Karen (1999). Memphis Company Seen Leading Field in Hot Tennessee Bank Market. in: *AmericanBanker.com*. Ausgabe vom 12.04.99, im Internet unter: http://www.AmericanBanker.com. Stand: 21.11.99.

Teixeira, Diogo (1998). Far from Dying Out, Branches Are Evolving – Fast. in: *American Banker.* Ausgabe vom 2.10.98, S. 8.

The Bank of New York (1997). The Bank Of New York Opens Its First In-Store Branch On Long Island. Pressemitteilung vom 16.07.97, im Internet unter: http://www.bankofny.com/pressrel/isbli.htm. Stand: 17.11.1999.

The Boston Consulting Group (1998). *Vertriebskanaloptimierung vor dem Hintergrund sich ändernder Kundenanforderungen.* Vortragsunterlagen der UNICO Retail Banking Konferenz am 26.11.98 in Florenz.

The Economist Intelligence Unit and Coopers & Lybrand (1996). *Building tomorrow's leading retail bank.*

Thiel, Bernd (1995). Bankgeschäfte mitten im Kaufhaus - Chancen des integrierten Standortes. in: *bank und markt.* Nr. 2/95, S. 22-27.

Thiesing, Ernst-Otto (1986). *Strategische Marketingplanung in filialisierten Universalbanken: integrierte Filial- und Kundengruppenstrategien auf der Grundlage erfolgsbeeinflussender Schlüsselfaktoren.* Frankfurt am Main/Bern/New York: Verlag Peter Lang.

Thießen, Friedrich (1996). Positionen zur Zukunft des Privatkundengeschäfts. in: *bank und markt.* Nr. 3/96, S. 15-18.

Thronicker, Helmuth (1997). Erster Commerzbank-Shop eröffnet. in: *geldinstitute.* Nr. 6/97, S. 106-108.

Tilden, Mark (1996). Channel vision. in: *Retail Banker International Compilation.* Ausgabe vom 28.11.96, S. 10-13.

Timewell, Stephen (1996). Shopping for money. in: *The Banker.* August 1996, S. 18-20.

‚U.S. Bancorp. moves into supermarkets' (1996). in: *Retail Banker International.* Ausgabe vom 06.03.96, S. 8.

‚Umstrittene Samstagsarbeit - Bank-Shops in Supermärkten bereiten der HBV Verdruss' (1998). in: *FAZ Rhein Main Zeitung.* Ausgabe vom 21.02.98.

Urban, Wolfgang (1995). Finanzdienstleistungen im Einzelhandel. in: *Handbuch Finanzvertrieb*. Frankfurt am Main: Fritz Knapp Verlag, S. 887-904.

,US supermarket banking total exceeds 7,000' (1999). in: *Distribution Management Briefing*. Iss. 38, Januar/Februar 1999, S. 7.

Valletta, Rob (1999). Employment and Wages in California's Financial Services Sector. in: *Federal Reserve Bank of San Francisco, Economic Letter*. No. 99-15, S. 1-4, im Internet unter: http://www.frbsf.org/econrsrch/ wklyltr/el9915. html Stand: 07.01.2000.

Volksbank Dreieich eG (2000). Bankshop im toom-Markt. im Internet unter: http://www.vobadreieich.de/aktuell/aktuell_obj.cfm?o_id=531. Stand: 02.09.2000.

Volksbank Gotha-Eisenach eG (2000). Unsere Öffnungszeiten im Bankshop Bürgeraue. im Internet unter: http://www.volksbank-gotha.de/zwgst_gaa.htm. Stand: 02.09.2000.

Volksbank Hüls-Tönisvorst eG (2000). Geschäftsstellenverzeichnis. im Internet unter: http://vb-huels-toenisvorst.de/gwmp...0BD2F2EDE7C125670000 40DB9D?OpenDocument. Stand: 03.09.2000.

Volksbank Lahr-Gengenbach/Zell (2000). Geschäftsstellenverzeichnis. im Internet unter: http://www.vb-lahr.de/profil/geschaeftsstellen/detail_lahr. htm. Stand: 03.09.2000.

Volksbank Mosbach eG (2000). "VOLKSBANKING" Bankshopping – eine neue Dimension. im Internet unter: http://www.VB-Mosbach.de/webdbs/xc/xc 03...f8ba199a9d4125672300390ee7?OpenDocument. Stand: 03.09.2000.

Volksbank Oberhausen-Mühlheim eG (2000). Geschäftsstellenverzeichnis. im Internet unter: http://www.voba.com/gwmpb/xg/xg8196.nsf...09543821e3c12 566ce00374e14?OpenDocument. Stand: 03.09.2000.

Volksbank Syke eG (2000). Der Finanz-Shop – Ihre Erlebnisbank in Brinkum. im Internet unter: http://www.volksbank-syke.de/shop.htm. Stand: 03.09.2000.

,Von der Nachfragebank zur Angebotsbank - Der Lösungsansatz der Landesgirokasse Stuttgart' (1995). in: *geldinstitute*. Nr. 9/95, S. 68-71.

Wachovia Corporation (jährlich). *Annual Report*. Winston-Salem, North Carolina.

Walter, Herbert (1998). *Multi-Channel Management*. Präsentationsunterlagen der Bank Vertriebstage 1998.

Wartburg-Sparkasse Eisenach (2000). Geschäftsstellenverzeichnis. im Internet unter: http://www.wartburg-sparkasse.de/d459_2531489.html. Stand: 03.09.2000.

Weber, Frank (1999). Brötchen in der Bank. in: *BANK MAGAZIN*. Nr. 10/99, S. 58-60.

Weber, Manfred (1998). Die typische Bankfiliale behält ihren Stellenwert. in: *Handelsblatt*. Ausgabe vom 25.05.98, S. 32.

Weiss, Gary (1996). Wells Fargo may be set to gallop. in: *Business Week*. Ausgabe vom 14.10.96, S. 41.

Wells Fargo & Company (jährlich). *Annual Report*. San Francisco, California.

‚Wells Fargo Bank – Is Continuing With Ist Opening Of Branches In State Supermarkets' (1997). in: *Business Journal Phoenix*. Ausgabe vom 02.01.97, S. 6.

‚Wells Fargo Bank And Lucky Stores Team Up To Offer In-Store Banking Outlets' (1997). in: *Business Wire*. Mitteilung vom 09.01.97.

‚Wells Fargo Sells Ski Lift Ticket Vouchers At 50 Calofornia ATMs' (1996). in: *Business Wire*. Mitteilung vom 16.12.96.

‚Wells Fargo's Small Business Drive' (1997). in: *Retail Banker International*. Ausgabe vom 09.01.97, S. 10.

Whiteman, Louis (1998). Two Banks Checking Out of In-Store Branches That Don't Ring Up Enough Loan Volume. in: *AmericanBanker.com*. Ausgabe vom 01.10.98, im Internet unter: http://www.American Banker.com. Stand: 21.11.99.

Whiteman, Louis (1999). Banks in Wal-Mart Stores Discount Danger in Retailer's Plan to Buy Thrift. in: *AmericanBanker.com*. Ausgabe vom 31.08.99, im Internet unter: http://www.AmericanBanker.com. Stand: 21.11.99.

Williams, Christopher A. (1997). Banks Go Shopping for Customers. in: *The Regional Economist*. Hg. The Federal Reserve Bank of St. Louis, Oktober 1997, S. 12-13.

Wilson, Gregory (1995). Getting beyond Glass-Steagall. in: *The McKinsey Quarterly*. No. 2/95, S. 109-115.

Woosley, Lynn (1997). Store Branching: A Part in Banking's Future?. in: *Federal Reserve Bank of Atlanta, Financial Update*. Vol. 10, No. 1, S. 1-3, im Internet unter: http://www.frbatlanta.org/publica/finan_update/_v10n1/v10n1_1.htm. Stand: 19.10.99.

Zack, Jeffrey (1996). National Commerce Points Way to Success In the Supermarkets. in: *American Banker*. Ausgabe vom 06.05.96, S. 4A.

‚Zum Sparverhalten der privaten Haushalte' (2000). in: *bank und markt*. Nr. 8/2000, S. 15.

‚Zum Zahlungsverkehr im Handel' (2000). in: *cards Karten cartes*. Nr. 3/August 2000, S. 9.

Hanno Merkt

Beiträge zur Börsen- und Unternehmensgeschichte

Frankfurt/M., Berlin, Bern, Bruxelles, New York, Oxford, Wien, 2001. 382 S.
ISBN 3-631-37284-1 · br. € 50.10*

Börsengeschichte und Unternehmensgeschichte sind nicht allein Teilgebiete der allgemeinen Wirtschaftsgeschichte. Auch für die Rechtswissenschaft – und hier natürlich insbesondere für das Wirtschaftsrecht – sind sie von nicht zu unterschätzender Bedeutung, namentlich etwa im Rahmen der rechtspolitischen Diskussion um die Reform des Rechts oder für Fragen der Gesetzesauslegung. Die hier versammelten, mehrheitlich bereits in juristischen Fachpublikationen veröffentlichten Beiträge stammen aus der Feder eines Juristen und sollen auf diesem Wege einer breiteren, auch wirtschaftshistorisch interessierten Leserschaft zugänglich gemacht werden. Die Beiträge spiegeln das Verständnis eines Juristen für die historischen Entwicklungen und Zusammenhänge in den behandelten Bereichen wider. Dabei sind Darstellung und Akzentsetzung von dem Bestreben geleitet, die Entstehung des heutigen Rechts und der heutigen Institutionen für ein Publikum ohne vertiefte Kenntnis der Wirtschaftsgeschichte zu erklären und nachvollziehbar zu machen.

Aus dem Inhalt: Die Geschichte der Unternehmenspublizität in Deutschland, Europa und den USA · Die Geschichte des deutschen Börsenrechts von den Anfängen bis zum zweiten Finanzmarktförderungsgesetz von 1994 · Die Geschichte des US-amerikanischen Gesellschaftsrechts · Die Geschichte der Namensaktie

FSC
www.fsc.org
MIX
Papier | Fördert
gute Waldnutzung
FSC® C083411

Kolibri 360 GmbH
Ferdinand-Jühlke-Straße 7
99095 Erfurt, Deutschland
produktsicherheit@kolibri360.de

Druck:
CPI Druckdienstleistungen GmbH
im Auftrag der
Kolibri 360 GmbH
Ferdinand-Jühlke-Str. 7
99095 Erfurt